चन्नबसवण्णा

ज्ञान की निधि

चन्नबसवण्णा

ज्ञान की निधि

प्रो. काशीनाथ अंबलगे

लोकभारती प्रकाशन

लोकभारती प्रकाशन
पहली मंजिल, दरबारी बिल्डिंग, महात्मा गांधी मार्ग
इलाहाबाद-211 001
वेबसाइट : www.lokbhartiprakashan.com
ईमेल : info@lokbhartiprakashan.com
शाखाएँ : 1-बी, नेताजी सुभाष मार्ग, दरियागंज
नई दिल्ली-110 002
अशोक राजपथ, साइंस कॉलेज के सामने
पटना-800 006
36 ए, शेक्सपियर सरणी, कोलकाता-700 017

पहला संस्करण : 2020

मूल्य : ₹ 300

बी.के. ऑफसेट
नवीन शाहदरा, दिल्ली-110 032
द्वारा मुद्रित

CHANNABASAVANNA : GYAN KI NIDHI
by Prof. Kashinath Ambalge

ISBN : 978-93-89742-03-9

पूज्य डॉ. चन्नवीर शिवाचार्य
हारकूड संस्थान, हारकूड (बीदर)
को

लेखक की बातें...

बारहवीं सदी का वचन साहित्य कन्नड़ साहित्य के इतिहास में अपने जनवादी एवं जीववादी चिन्तन के कारणों से एक विशेष स्थान रखता है। भारतीय समाज के सभी निम्न जाति और निम्न वर्ग के लोगों ने पहली बार अध्यात्म और समाज कल्याण का सरोकार रखते हुए साहित्य की रचना की है। श्रम क्षेत्र के हर कोने से आए हुए वचनकार जो शिवशरण, शिवशरणियाँ भी कहलाते हैं, कन्नड़ साहित्य और भाषा के विकास को चरम सीमा पर ले जाते हैं।

समता, ज्ञान, जातिवाद का विरोध, स्त्री और दलितों की अस्मिता का आदर, श्रम संस्कृति का विकास वचन साहित्य के केन्द्र में सचेत था। बहुत्व और प्रतिभा का विकेन्द्रीकरण यहाँ देखने को मिलता है। जानवर चराने वाला दनगाही रामण्ण और सूळे संकव्वे ने भी वचन साहित्य की रचना की थी। 'अनुभव मंटप' द्वारा चर्चा-परिचर्चाओं की परम्परा इस साहित्य की रही है। इनके जीवन में कथनी-करनी की समानता है, विचार और आचार में समानता है।

सैकड़ों की संख्या में शरण और शरणियों ने व्यष्टि और समष्टि के हित में सोचा और लिखा। आज नौ सौ वर्षों के बाद भी लगभग पैंतीस महिलाओं का वचन साहित्य प्राप्त हुआ है, न जाने खोज में अभी कितना साहित्य मिलता होगा।

विश्व साहित्य को कन्नड़ साहित्य का कोई अनमोल साहित्य की देन हो सकती है तो वह 'वचन साहित्य' है।

इस वचन साहित्यान्दोलन के प्रमुख शरण-शरणियाँ हैं—बसवेश्वर, अल्लम प्रभु, चन्नबसवण्णा, सिद्धरामेश्वर, अक्कमहादेवी, सत्यक्क, काळव्वे, मोळिगे महादेवी, आय्दक्की लक्कम्मा आदि-आदि।

चन्नबसवण्णा : ज्ञान की निधि

यहाँ अब आपके हाथों में 'चन्नबसवण्णा : ज्ञान की निधि' ग्रंथ रखते हुए मुझे बड़ी खुशी हो रही है। चन्नबसवण्णा उम्र में सबसे छोटे थे पर बड़े ज्ञानी थे। शरणों की तात्त्विकता के वे सूक्ष्म पारखी थे। अनुभव मंटप की चर्चा में प्रमुख स्थान रखते

थे। इस ग्रंथ में वचन साहित्य आन्दोलन का पूरा चित्र प्रस्तावना में मिलता है तो पृष्ठभूमि का चित्रण 'विभिन्न परिस्थितियां' में है, 'सुन री सजनी' में वैश्विक और भारतीय इतिहास में स्त्री उपेक्षा का कथन एवं बारहवीं सदी के वचन साहित्य सन्दर्भ में स्त्री-मानव संसाधन के विकास का रूप देखने को मिलता है। चन्नबसवण्णा का संक्षिप्त जीवन, उनके वचन एवं अन्त में उनके 291 वचन आपके अध्ययन के लिए इस ग्रंथ में सजाने का काम मैंने किया है। इस ग्रंथ से वचन साहित्यान्दोलन और चन्नबसवण्णा के व्यक्तित्व एवं वचनों के आमने-सामने होने का अवकाश पाठकों को मिलता हो तो मेरा परिश्रम सफल होने का अनुभव कराता हूँ।

आदरणीय श्री अशोक महेश्वरी जी को बड़ी श्रद्धा से नमन करता हूँ। उनके प्रकाशन समूह के 'लोकभारती प्रकाशन' से यह पुस्तक प्रकाशित है। मेरे प्रति स्नेह और आत्मीयता जो महेश्वरी जी रखते हैं यह मेरे लिए अविस्मरणीय है। इस पुस्तक द्वारा कश्मीर से कन्याकुमारी तक के साहित्यिक सहृदयों को जोड़ने का काम अवर्णनीय तो है ही साथ ही साथ अर्थपूर्ण है। उनको सहस्त्र धन्यवाद देता हूँ।

यहाँ संग्रह किए गए चन्नबसवण्णा के वचन 'बसव समिति बेंगलूरु' से प्रकाशित 'वचन' ग्रंथ से लिए गए हैं। इसकी अनुमति देने के लिए 'बसव समिति' के अध्यक्ष आदरणीय श्री अरविंद जत्ती जी को तहे दिल से धन्यवाद अर्पित करता हूँ। 'बसव समिति बेंगलूरु' और वचनों के अनुवादक प्रो. टी.जी. प्रभाशंकर प्रेमी जी भी धन्यवाद के हकदार हैं, जिन्हें मैं बड़े ही प्यार से धन्यवादार्पण करता हूँ।

मेरे पढ़ने-लिखने में मेरी पत्नी श्रीमती लीला अंबलगे जी सब प्रकार की सुविधा उपलब्ध कराती हैं। इसलिए मैं तो धन्यवाद कहूँगा ही, पर हिन्दी साहित्य लोक की ओर से भी मैं उनको नमन करता हूँ। स्वयं पत्नी लीला भी हिन्दी की प्रोफेसर रही हैं, तो सहज ही मेरे हिन्दी लेखन कार्य में उनका सहयोग है। क्या मात्र धन्यवाद कहकर पत्नी की उपलब्धियों को लौटाया जा सकता है? नहीं। प्रकाशन संस्था के सभी कुशलकर्मियों को बहुत-बहुत धन्यवाद समर्पित है। वे तो पुस्तक निर्माण के कर्ता-धर्ता हैं—सच्चे अर्थों में।

सधन्यवाद।

—प्रो. काशीनाथ अंबलगे

अनुक्रम

लेखक की बातें... 7

वचन साहित्य : एक प्रस्तावना 11
बहुत्व वचन साहित्य की विशेषता 13
विश्व के साहित्य पाठक : कन्नड़ वचन साहित्य की ओर... 16

विभिन्न परिस्थितियाँ 19
सुन री सजनी... 27
वचन साहित्य : स्त्री चिन्तन का उत्साह काल 35

जीवन परिचय : चन्नबसवण्णा 45
जीवनी 46
ज्ञान की निधि 47
समस्या को सरल... 53
चन्नबसवण्णा के वचन 56

अर्थ निर्देश 131
इसी लेखक के और भी प्रकशित ग्रन्थ 133

वचन साहित्य : एक प्रस्तावना

प्रवेशिका

भारतीय भाषा साहित्य में कन्नड़ साहित्य एक विशेष स्थान रखता है और इसकी श्रीवृद्धि में कन्नड़ साहित्य की विशेष देन है।

कन्नड़ साहित्य इतिहास की धारा में बारहवीं सदी का वचन साहित्य-युग सच्चे अर्थों में 'स्वर्ण युग' कहलाता है। 'वचन साहित्य', 'शरण साहित्य' नामों से भी प्रसिद्ध बारहवीं सदी के काल विशेष में कन्नड़ के कवि-कवयित्रियों ने, जो शिवशरण और शिवशरणिया कहलाते थे, कविताओं की रचना सामाजिक, आर्थिक, सांस्कृतिक और धार्मिक आन्दोलन के लिए की थी। काव्य सृजन इनके लिए साधन मात्र था, न कि साध्य।

लगभग सैकड़ों शरण कवि-कवयित्रियों ने समकालीन सन्दर्भ में व्यष्टि और समष्टि हित को समान रूप से महत्त्व देते हुए, वचन साहित्य की रचना की थी। आज लगभग सैकड़ों शिवशरण और पैंतीस से भी अधिक शिवशरणियों का वचन साहित्य उपलब्ध हुआ है।

'वचन' गद्य-पद्य का सम्मिश्रित सरल-सरस काव्य प्रकार माना जा सकता है। इसीलिए इनके साहित्य को 'वचन साहित्य' के नाम से पहचाना गया है।

इनके जीवन और लेखन, कथनी और करनी में सुन्दर समन्वय देखा जा सकता है। इसीलिए इनके काव्य में जीवन को देखने की स्वस्थ दृष्टि है। इन्होंने जो भी अनुभव किया उसे वाणी में अभिव्यक्त किया, जो भी अभिव्यक्त किया वही जीवन दर्शन बन गया। उनका जीवन दर्शन ही काव्य दर्शन था और वही उनकी जीवन शैली भी थी।

इस काल के लगभग सभी शरण रचनाकार निम्न जाति वर्ग के थे। सभी वृत्तियों के लोगों ने इस काव्य कर्म में भाग लिया था, जैसे—मोची, ढोर, धोबी, हज्जाम, लकड़ी बेचनेवाले, रस्सी बनानेवाले, किसान, नट, गायक, चावल कूटनेवाले आदि। यहाँ तक कि वेश्या सूळे (वेश्या) संकव्वे जैसी महिला भी

हृदय परिवर्तन से शिवशरणी बनी थी और उसने भी वचन की रचना की थी। इतनी बड़ी संख्या में और विशाल आयामों से आए हुए लोगों ने एक स्थान में, एक समय में, एक ही सामाजिक हित के लिए, आत्मबुद्धि एवं समाजशुद्धि के लिए मिलकर साहित्य की रचना की है जो दुनिया के सांस्कृतिक और साहित्यिक लोक में दुर्लभ उदाहरण है।

भारत के पाँच हजार वर्षों या जितना भी बड़ा इतिहास हो—के सांस्कृतिक और साहित्यिक इतिहास में सबसे पहली बार उपेक्षित वर्ग को बोलने का मुक्त अधिकार मिला और उनकी वाणी सार्थक काव्यवाणी बन गई।

एक समय में एक शेक्सपियर या वड्र्सवर्थ का होना, एक कालिदास या रवीन्द्रनाथ टैगोर का होना मेरे लिए या किसी भी स्वस्थ साहित्य प्रेमी के लिए—आश्चर्य की बात नहीं होनी चाहिए। यहाँ तो हर कोई महाकवि था, और कवयित्री महाकवयित्री थी।

संस्कृत से हटकर लोक प्रचलित कन्नड़ भाषा में लिखना पहली बार इन लोगों ने आरम्भ किया और विकास की दृष्टि से कन्नड़ भाषा चरम सीमा को छू गई।

कविता के उद्देश्य की दृष्टि से ये कवि अत्यन्त ही स्पष्ट थे। उनकी दृष्टि में कविता लोगों तक पहुँचकर उनके जीवन को ऊपर उठाने के लिए थी।

जैसा कि माओत्से तुंग ने कहा है—जिसे समूह का शिष्य बनने नहीं आता वह कभी उस समूह का गुरु नहीं बन सकता है। इन शरण-शरणियों ने आम आदमी के जीवन से बहुत कुछ सीखा था। इसीलिए इनके काव्य में आम आदमी का हृदय बोलता है और मार्गदर्शन पाता है।

स्त्री-मुक्ति, जातिवाद का नाश, धर्म के क्षेत्र में लोकतंत्र की स्थापना, श्रम-संस्कृति की श्रेष्ठता एवं सब प्रकार की समानता, कथनी-करनी का सुन्दर समन्वय, मनुष्य-केन्द्रित जीवन-चिन्तन शरण कवियों के काव्य की प्रमुख आवाज थी। समानता ही इनके लिए योग था (समते एंबुदे योग नोड।)

इसलिए विश्वास भरी एवं ऊँची आवाज में यह कहा जा सकता है कि विश्व साहित्य की पंक्ति में कन्नड़ के वचन साहित्य को खुले दिल से रखा जा सकता है।

वचन साहित्य के प्रमुख कवि हैं—बसवण्णा, अल्लम प्रभु, सिद्धराम, चन्नबसवण्णा, अंबिगर चौडय्या, नुलिय चन्दय्य, हडपद अप्पण्ण, अय्दक्को मारय्या, किन्नरी बोम्मग्य, मडिवाल माचय्य, मोळिगे मारय्य, तुरगाही रामण्ण, उरिलिंग देव, उरिलिंग पेद्दी, डोहर कक्कय्य, एकांतद रामय्य, नगेय मारितंदे, बहुरूपी चौडय्य, मरूळ शंकरदेव, धट्टिवाळय्य, अजगण्ण, वचन भांडारी शान्तय्य, कोलशान्तय्य, सोड्डुळ बाचरस और अन्य फुटकल शिवशरण।

वचन साहित्य की प्रमुख शरणी कवयित्रियाँ हैं—नीलांबिके, नागलांबिके, मोळिगेय महादेवी, काळव्वे आय्दक्की लक्कम्मा हडपद लिंगम्म, अमुगि रायम्म, सत्यक्क, केतल देवी, वीरम्म, दुग्गळे, गुड्डव्वे, बतादेवी, सूळे (वेश्या) संकव्वे, गगम्म, रेकम्म, मसणम्म, मुक्तायक्क आदि और कई फुटकळ शिवशरणियाँ।

किसी एक भारतीय भाषा का साहित्य ही भारतीय साहित्य नहीं अपितु भारत की किसी भी भाषा का साहित्य 'भारतीय साहित्य' ही है। वचन साहित्य की जनवादी जीवन दृष्टि का अध्ययन भारतीय स्तर पर हो और चर्चा-परिचर्चा का कारण बने—यही प्रेरणा इस ग्रन्थ की रचना के पीछे काम कर रही है।

धर्म, अध्यात्म, शिक्षा और अक्षर लोक से स्त्री वर्ग सदैव वंचित रहा है। किसी समाज और देश की अर्द्ध मानवशक्ति है वह, पर सदैव उपेक्षित। बारहवीं सदी के कन्नड़ साहित्य इतिहास में स्त्री ने अपने व्यक्तित्व की मानवशक्ति को पूर्ण रूप से पहचाना है। वचन साहित्य के माध्यम से उसने अपने स्व को अभिव्यक्त किया है। व्यक्ति और समाज के अन्तरंग-बहिरंग व्यक्तित्व को अक्षरों में उसने सुन्दर ढंग से काव्यात्मक अभिव्यक्ति दी है। सैकड़ों की संख्या में महिलाओं ने वचन साहित्य की रचना की होगी। आज लगभग नौ सौ वर्षों के बाद भी पैंतीस से अधिक महिलाओं का वचन साहित्य उपलब्ध होना कोई कम सांस्कृतिक आश्चर्य की बात नहीं है।

बारहवीं सदी की शिवशरणियों में वीर विरागिनी अक्कमहादेवी का नाम शीर्ष स्थान पर है। अक्कमहादेवी का व्यक्तित्व, बुद्धि-शक्ति, नैतिक-शक्ति, सौन्दर्योपासना की शक्ति, धर्मानुसंधान की शक्ति, अध्यात्म और प्रेमात्म की शक्ति का सुन्दर समन्वय था। सभी शिवशरणियों में अक्कमहादेवी के वचनों की संख्या अधिक है। अनुभव मंटप में वह केन्द्र बिन्दु के रूप में सबकी चहेती शिवशरणी थीं। काव्याभिव्यक्ति की महान प्रतिभा, भक्ति और विनय का उत्तुंग शिखर, असीम आत्मबल और साहस उनके व्यक्तित्व की अन्य सहज विशेषताएँ थीं।

बहुत्व वचन साहित्य की विशेषता

बहुत्व वचन साहित्य की विशेषता है। बहुजन वर्ग के श्रमिक यहाँ साहित्य की सृजनशीलता में लगे रहे हैं। एक वचनकार लिखते हैं कि 'करोड़ों वचन लिखकर थक गया हूँ।' इतनी बड़ी संख्या में, हर क्षेत्र के श्रमिकों ने, जनभाषा

कन्नड़ में, अध्यात्म और समाजमुखी चिन्तन को समान रूप से अभिव्यक्ति देने की रोचकता, यह सब कैसे सम्भव हुआ होगा?

बड़ी सूक्ष्मता से और शान्तभाव से किसी भी प्रकार के पूर्वग्रह से मुक्त होकर यदि आप समग्र वचन साहित्य का अध्ययन करेंगे तो कई रोचक विचारों से आप अवश्य ही प्रभावित होंगे। यहाँ सब वचनकारों ने चर्चा-परिचर्चाओं में भाग लिया था, भीतरी चर्चा और विमर्श एवं एक दूसरों के वचनों की चर्चा और विमर्श यहाँ हुआ है। अल्लम प्रभु को सभी गुरु समझते थे और सबने उनके ज्ञान शिखर का लाभ उठाया है। अल्लम प्रभु बसवेश्वर को गुरु कहते हैं और अपने गुरु मात्र नहीं बल्कि बसवेश्वर को तो सबके गुरु समझते हैं अल्लम। अक्कमहादेवी के वचनों की श्रेष्ठता की प्रशंसा सिद्धरामेश्वर करते हैं तो सिद्धरामेश्वर के वचनों को अक्कमहादेवी श्रेष्ठ समझती हैं। चन्नबसवण्णा तो आयु में सबसे छोटे थे पर ज्ञान की दृष्टि से सबने उनके ज्ञान को स्वीकार किया था। तात्त्विक दृष्टि से सूक्ष्म चिन्तन उनके वचनों की विशेषता रही है। वे सबको मार्गदर्शन करते थे।

प्राय: अनुभव और अनुभाव के इस प्रकार मुक्त लेन-देन से एक सामूहिक चिन्तन की गरिमा बढ़ाने का विश्व में यह एक विरल मिसाल था। विश्व में प्राय: समकालीन लेखक-चिन्तक समूह सदैव एक-दूसरों की उपेक्षा करके एक-दूसरों को पीछे छोड़ने के उदाहरण ही जीवित हैं। पर यहाँ वचन साहित्य के सन्दर्भ में प्रत्येक वचनकार दूसरे वचनकारों की प्रतिभा के विकास में पूरक रहे हैं। प्राय: इसीलिए स्वस्थ समाज के लिए स्वस्थ साहित्य के उत्पन्न की जनवादी सांस्कृतिक घटना यहाँ सम्भव होना देखने को मिलती है। इतनी बड़ी संख्या में वचनकारों की अधिक संख्या में वचनों की रचना का कारण भी यही रहा है कि इन्होंने काव्य को एक सामूहिक और सामाजिक चेतना के रूप में स्वीकार किया था।

एक यह भी विचार वचन साहित्य को लेकर मुझे बार-बार लगा है और लिख भी रहा हूँ कि यहाँ पांडित्य, प्रतिभा और काव्य की सृजनशीलता का बहुत बड़ा विकेन्द्रीकरण हुआ था। जानवर चरानेवाला दनगाही रामण्णा (जानवर चरानेवाला रामण्णा) एवं सूळे संकव्वे (वेश्या संकव्वे) तक ने वचन काव्य की रचना की थी। इनको किसी भी समाज का अन्तिम नागरिक कह सकते हैं। सृजनशील अभिव्यक्ति में इनकी भागीदारी ने वचन साहित्य के स्तर को ऊँचा स्थान दिया है। यहाँ संस्कृत ही श्रेष्ठ नहीं है बल्कि जनभाषा कन्नड़ भी श्रेष्ठ है। पंडित वर्ग को ही लिखने का अधिकार नहीं है बल्कि कोई श्रमिक भी श्रेष्ठ साहित्य लिख सकता है। कोई विश्वविद्यालय अथवा स्थापित विद्याकेन्द्र या राजाश्रित विद्वान मंच ही श्रेष्ठ नहीं है बल्कि प्रतिदिन अनुभव मंटप में सब

बैठकर जो चिन्तन-मंथन करते हैं वही श्रेष्ठतम तत्त्व दर्शन है, साहित्य दर्शन है और जीवन दर्शन है।

वचन साहित्य सन्दर्भ की एक रोचक विशेषता की ओर भी पाठकों का ध्यानाकर्षित करने की मेरी इच्छा हो रही है। यहाँ शासक श्रमिक बनने के लिए बड़े उत्सुक हैं। कश्मीर के राजा और उसकी पत्नी अनुभव मंटप के सदस्य बनकर अध्यात्म और सत् चित् आनन्द की प्राप्ति के लिए कल्याण आकर मोळकेरी नामक गाँव में रहकर, लकड़ी जंगल से लाते थे और बेचकर कायक से जीवनयापन करते हुए शरण संकुल के चिन्तन में भागीदारी करते थे। बसवेश्वर बिज्जळ राजा के यहाँ भंडारी थे और शाम तक कर्तव्य कर राजपोशाक शाम को निकालकर रखते थे एवं सरल शरण वेशभूषा में अनुभव मंटप की ओर चल पड़ते थे।

उरिलिंग पेद्दी एक बहुत बड़े मठ के मठाधीश थे, कई मठ इनके अधीन में थे। पर इन सबको त्यागकर उरिलिंग पेद्दी कल्याण की ओर पत्नी के साथ चल पड़ते हैं और एक सरल कायक करते हुए अनुभव मंटप में प्रभाग लेते हैं। यह इस जनवादी जनहित दृष्टि देने की स्वस्थ नजरिया वचन साहित्य की रही है। इसीलिए इसका विस्तार बड़ा है, भाषाभिव्यक्ति की शक्ति गहरी है, सदैव जीवन के स्तर को ऊपर उठाने के लिए वचन साहित्य जागरूक एवं प्रतिबद्ध है।

वचन साहित्य विधा पर अभी भी दो-चार विचार विस्तार कर सकते हैं। बारहवीं सदी के वचन साहित्य सन्दर्भ का 'वचन' एक विशेष प्रकार की 'काव्य विधा' है। वचन 'पद्य प्रकार' तो है पर इसे सरलता, सरसता और संक्षिप्तता के साथ सरस गद्य लय में रचित 'गपद्य' रूप कहा जा सकता है। वचन के रचनाकार 'वचनकार' और 'वचनकार्ती' कहलाते हैं। यह भक्त और भगवान के बीच संवाद है पर सदैव यहाँ सामाजिक चेतना जागृत है। हर वचनकार सामान्यत: अपना नाम नहीं, बल्कि अपने आराध्य देव का नाम वचनांकित के रूप में रखता है। उदाहरण के लिए बसवेश्वर का वचनांकित है 'कूडलसंगमदेव', अल्लम प्रभु का 'गुहेश्वर', अक्कमहादेवी का 'चन्नमल्लिकार्जुन' इत्यादि।

'वचन साहित्य' की यह भी विशेषता है कि किसी एक युग में एक ही काल सन्दर्भ में इतनी बड़ी संख्या में वचनकारों ने वचन साहित्य की रचना की है। वह रचना चर्चा-परिचर्चा केन्द्रित है। 'अनुभव मंटप' में जो 'अनुभाव मंटप' भी था, सब शरणकुल जमा होते थे और अध्यात्ममुखी और समाजमुखी चर्चा करते थे और उसका सृजनशील उत्पन्न होता था 'वचन साहित्य'। इन वचनकारों में राजा और रंक, मंत्री और दंडनायक, जुलाहे, धोबी, नाइंद, व्यापारी, बढ़ई, किसान, मजदूर, चावल बीननेवाला, झाड़ू लगानेवाला, स्त्री-

दलित सब समाहित थे। बहुत्वमुखी कवि लेखक बहुत्वमुखी चिन्तन वचन में अभिव्यक्ति देते थे। कहा गया है कि लगभग 300 से अधिक वचनकार एवं 35 से अधिक वचनकार्तियाँ रही होंगी। इनका तात्त्विक विचार प्रधानत: भक्ति-कायक-दासोह-समानता केन्द्रित था। इसका विस्तार 'वचन' में एकेश्वरवाद जगत सत्य है, जगत शिवमय और कल्याण मार्ग का कार्यागार है, जातिवाद और अस्पृश्याचरण का खंडन, समानता की ऊँची आवाज में प्रतिपादन, दैहिक परिश्रमप्रधान सत्य शुद्ध उद्देश्यों का कायक, गृहस्थ जीवन साधना मार्ग में बाधक नहीं, स्त्री को समान और गौरवपूर्ण स्थान और उसके अस्तित्व का पूर्णरूपेण स्वीकार, कथनी-करनी में समानता, कर्मकांड और यज्ञ यागादि का निराकरण, अन्धविश्वास का खंडन, संग्रह प्रवृत्ति की दुराशा का दूरीकरण इन विषय विचारों के चौतरफा घूमते-फिरते रहता है वचन साहित्य। 'वचन' रचना द्वारा कन्नड़ भाषा की अभिव्यक्ति शक्ति का विकास चरम बुलंदी का स्पर्श करता है। इनके वचन साहित्य में 'व्यष्टि-समष्टि' का सुन्दर समन्वय सदैव उपस्थित है। समाजोद्धार के लिए वचन साहित्य है, वचन साहित्य सोद्देश्य है, जनहित में है।

विश्व के साहित्य पाठक : कन्नड़ वचन साहित्य की ओर...

कन्नड़ के वचन साहित्य की साहित्यिक और सामाजिक शक्ति सर्वोपरि है। विश्व के साहित्य पाठकों को विशेष रूप से अपनी ओर आकर्षित करने के कई स्वभाव गुण इसमें निहित है। इस साहित्य के बहुत्व गुण अन्य भाषा साहित्य में देखने को नहीं मिलेगा।

लगभग तीन सौ से अधिक श्रमिक वर्ग के कवि कवयित्रियों ने यहाँ वचन नामक काव्य की रचना की है, साहित्यिक चिन्तन किया है, साहित्य और सामाजिक आयामों के समन्वय का स्वस्थ विवेचन इन्होंने प्रस्तुत किया है। कई रीतियों की असमानताओं के समाज को 'समता ही एक योग है' जैसे सार्वकालिक महत्त्व की घोषणा और लेखन इनका रहा है।

महिलाएँ इस दुनिया में सदैव ही उपेक्षित रही हैं, उनको सामाजिक भागीदारी से दूर रखकर साहित्य एवं सांस्कृतिक लोक में हासिये पर रही हैं वह। पर इस वचन साहित्य के सन्दर्भ में महिला अपने व्यक्तित्व विकास की बुलंदी पर पहुँच चुकी थी ऐसा लगता है। आज लगभग नौ सौ वर्षों के बाद पैंतीस से अधिक वचनकार्तियों का वचन साहित्य उपलब्ध होना परमाश्चर्य तो है ही, और यह सुनकर दु:ख भी होता है कि वैश्विक साहित्य सिनारियो में इसका

उल्लेख उपलब्ध नहीं है। अनुभव और अनुभाव, साहित्य में सृजनशीलता और चिन्तन मंथन, पुरुष वर्ग के वचनकारों के साथ स्त्री का समान रूप से लिखना उठना बैठना, पुरुष वर्ग को कई सन्दर्भों में नीतिपाठ करके मार्गदर्शन करना विशेष विचार है। इन वचनकारों ने अध्यात्म, समाजमुखी चिन्तन के लिए, काव्य और भाषा की सूक्ष्मताओं की चर्चा-परिचर्चाओं के लिए एक 'अनुभव मंटप' (Intellectual Parliament) की स्थापना की थी। उसकालीन सब शरण संकुल में महाप्रतिभावान घुमक्कड़ फक्कड़ जंगम (चलनशील) जीवी अल्लम प्रभु को अनुभव मंटप की अध्यक्षता का स्थान दिया गया था। अनुभव मंटप के सदस्यों के लिए यह अनिवार्य था कि हर किसी को कोई न कोई कायक करना चाहिए। आजीविका के लिए दिन भर सत्य शुद्ध कायक (परिश्रम) करो और शाम को अनुभव मंटप के चिन्तन में सक्रिय भागीदारी करो। हर एक सदस्य को अपने व्यक्तित्व में 'समानता के तत्त्व' को समझना अनिवार्य है। तो विश्व के साहित्य पाठक इसे पढ़ना क्या पसन्द नहीं करेंगे? मैं समझता हूँ कि विश्व के हर पाठक को जो साहित्य में रुचि रखता है यहाँ रोचक अनुभव होगा। उनके इस साहित्य के आमने-सामने होने से व्यक्तित्व में अल्प मात्र तो हलचल होगी।

ऐसा एक वास्तविक वैश्विक अनुभव सुनाने के लिए भी ऐसी प्रस्तावना की बातें कर रहा हूँ। मेरा एक लेखक मित्र है प्रो. टी.वी. कट्टीमनी जो आज एक अन्तर्राष्ट्रीय आदिवासी केन्द्रीय विश्वविद्यालय के कुलपति भी हैं। अपनी एक सांस्कृतिक आदान-प्रदान की योजना में वे बेल्जियम गए थे और एक विश्वविद्यालय में कन्नड़ साहित्य पर बोलने के लिए उनसे विनती की गई थी। उनके भाषण के अन्त में सामने बैठी एक युवा महिला पत्रकार प्रश्न करती है कि What do you mean by 'इस्टलिंग'? 'कायक' 'दासोह' का क्या अर्थ है? विस्तार से समझाने की विनती करती है। किसी प्रकार इन्होंने समझाया और कार्यक्रम के बाद चायपान के सन्दर्भ में उस महिला से पूछते हैं कि 'आप इस इस्टलिंग, कायक, दासोह के सम्पर्क में कैसे आईं?' वह कहती है कि मैंने बनारस में ये किताबें देखी थीं— 'बारहवीं सदी की कन्नड़ कवयित्री अक्कमहादेवी और स्त्री विमर्श', 'बारहवीं सदी की कन्नड़ कवयित्रियाँ और स्त्री विमर्श'। देहली में 'राधाकृष्ण प्रकाशन' से मैंने ये किताब परचेज किया है।

आज भारत के बाहर सैकड़ों देशों में हिन्दी विभाग है और लोग इसमें रुचि लेकर हिन्दी पढ़ रहे हैं। भारत को जानने के लिए भी वहाँ उत्सुकता है। यह आज की वैश्विक, सांस्कृतिक एवं भाषाई स्थिति-गति है।

उस महिला के संवाद को लेकर डॉ. कट्टीमनी जी लिखते हैं कि 'हमारे बसवण्णा और अक्कमहादेवी ने यूरोपीय पाठकों के चित्त में हलचल कर दिया

है। अंबलगे एक 'अनिवार्य आदत' की तरह हिन्दी में वचन साहित्य पर लिख रहे हैं। मुझे बेहद खुशी होती है कि वचन साहित्य को वैश्विक मंच पर पहुँचाने का सार्थक काम हो रहा है। वचन साहित्य में वैश्विक मंच से पढ़े जाने की शक्ति भी है।'

मुझे वचन साहित्य पर हिन्दी में काम करते समय यह विचार एक ऑक्सीजन की तरह प्रेरित करता है। तेजस्वी ने कर्नाटक साहित्य अकादमी से प्रकाशित किताब में 'अंबलगे के हिन्दी लेखन' जैसा एक लेख भी लिखा है।

इन बातों का जिक्र मैं यहाँ इसलिए भी कर रहा हूँ कि हमें यह भलीभाँति पता चले कि विश्व साहित्य के मंच पर वचन साहित्य उपलब्ध हो।

विभिन्न परिस्थितियाँ

राजनीतिक

लगभग ग्यारहवीं सदी से उत्तर भारत की राजनीतिक परिस्थितियों में तीव्र परिवर्तन दिखाई देते हैं। इसी प्रकार दक्षिण भारत में भी विशेष राजनीतिक उथल-पुथल दिखाई देती है।

कन्नड़ के बरावी और शिवशरणों के वचन साहित्यकालीन राजनीतिक परिस्थितियों का महत्त्व इनके साहित्यिक और धार्मिक-सामाजिक क्रान्ति के कारण से ही बढ़ जाता है।

सन् 1105 से 1350 तक के दो सौ वर्ष के कर्नाटक के इतिहास में प्रारम्भिक सौ वर्षों के प्रथम काल की महत्त्वपूर्ण घटना है—कल्याण के चालुक्य वंशीय राजाओं का पतन और कलचूरी राजा बिज्जळ की उन पर विजय।

इनका शासन काल अत्यन्त ही छोटा था। कलचूरी राजा बिज्जळ के शासनकाल में कोई शान्ति-समृद्धि या स्थिरता नहीं थी। इनके शासन का महत्त्व बसव और अन्य शरणों के साहित्यिक, धार्मिक और सामाजिक क्रान्ति का कारण था। मात्र शरणों के धार्मिक और साहित्यिक कार्यों से इतिहास में बिज्जळ का अध्ययन हुआ करता था।

बसवेश्वर, बिज्जळ के मंत्री थे और साथ ही वचन साहित्य की रचना धार्मिक एवं सामाजिक परिवर्तन के लिए करते थे।

धार्मिक

कर्नाटक में बसवेश्वर और अन्य शिवशरणों की पूर्वकालीन धार्मिक परिस्थिति अत्यन्त ही हीनावस्था में थी। धर्म में कई प्रकार की ऊँच-नीच की भावना थी। धर्म मानवीय भावनाओं को त्यागकर संकीर्ण बन गया था। कई प्रकार के धर्म-उपधर्म की गलियों में मनुष्य भटका हुआ था। धर्म के नाम पर सामान्य लोगों का शोषण हुआ करता था और कई प्रकार के अत्याचार, अन्याय और बलि आदि धर्म की आड़ में चलते थे। जाति-उपजातियों में संघर्ष सामान्य बात हो गई थी। समाज ब्राह्मण, क्षत्रिय, वैश्य और शूद्र जैसे वर्गों में विभाजित था। उच्च जाति के ब्राह्मण

अपने आपको धर्म का ठेकेदार समझते थे और दूसरों का शोषण करते थे। तद् युगीन सब प्रकार की सुविधाएँ ब्राह्मणों के यहाँ केन्द्रित थीं। इसीलिए अनिष्ट जाति पद्धति के मूल वर्ण को बसवण्णा ने चुनौती दी और कहा कि उद्योगों के अनुसार आदमी को पहचाना जाना चाहिए :

> 'वर्णानां किं प्रयोजनं?' इसीलिए / लोहा गरमाया लोहार कहलाया / कपड़ा धोया धोबी कहलाया / सूत ताना जुलाहा कहलाया / वेदपाठ किया विप्र कहलाया, जग में कान से कोई पैदा हुआ है?

शूद्रों का जीवन तो पशु-पक्षियों से भी गिरा हुआ था। अस्पृश्य गाँव से हटकर दूर झोंपड़ियों में रहते थे। इनको घंटी बजाते हुए गाँव में प्रवेश करना पड़ता था ताकि उच्च वर्ग के लोग इनकी छाया से भी बच सकें। उच्च जाति के लोगों की वाणी ही दूसरों के लिए धर्म था, और कोई प्रश्न भी नहीं कर सकता था। लोगों के धर्माचरणों में धर्म की बातें कम और श्रद्धा अधिक थी। धर्म के नाम पर वामाचार अत्यन्त ही असह्य था। अन्धश्रद्धाओं में जकड़े लोगों की मानसिकता की ओर डॉ. पि. बि. देसाई ने इशारा किया है कि :

'Religion, religious dogmas, religious observances and superstitions held men and their minds under their firm grip. Vedic Sacrifices were performed and animals were Immolated'.

लोग यह मानते थे कि गाँवों की चारों दिशाओं में अनिष्ट शक्तियाँ वास करती हैं और इनकी असन्तुष्टि के कारण बीमारियाँ फैलती हैं। इसलिए इन्हें प्रसन्न करने के लिए लोग, दर्गम्मा, कबम्मा, चौड़म्मा आदि ग्राम देवताओं की उपासना करते थे। इनको प्रसन्न करने के लिए पशुबलि चढ़ाना, अग्नि पर चलना और इनके लिए जात्रा महोत्सव करना आदि अन्ध श्रद्धाओं से मनुष्य घिरा हुआ था। इन शक्ति-देवियों के उत्सवों में पशुबलि, स्त्रियों की नग्नसेवा और कहीं-कहीं तो नर बलि भी दी जाती थी।

मूर्तिपूजा की प्रधानता थी इसलिए असंख्य मन्दिर और मठों के निर्माण हुए धार्मिक जीवन में पुजारियों की प्रधानता थी। मन्दिरों में धर्म की साधना नहीं बल्कि ऐश की आराधना होती थी। ये शोषण और धनार्जन के केन्द्र बन गए थे। अपना-अपना स्वार्थ साधने के लिए उच्च जाति के लोगों ने मन्दिरों का पूरा-पूरा दुरुपयोग किया। देवदासी पद्धति प्रचलित थी। देवदासियों ने देवताओं को नृत्य चढ़ावे के स्थान पर पुजारी और उच्च जाति के लोगों को अपना शरीर दिया। इसीलिए बसवेश्वर ने मन्दिर निर्माण का विरोध किया होगा :

धनवान शिव मन्दिर बनवाते हैं,
मैं गरीब, मैं क्या कर सकता हूँ।
मेरे पैर ही मीनार, शरीर ही मन्दिर,

शिर ही सोने का मुकुट है,
कूडल संयमदेव! जड़ नाशमय है चेतन अविनाश है।

लेकिन कुछेक मठ-मन्दिरों ने सांस्कृतिक केन्द्र बनकर शिक्षा-प्रसार का काम किया लेकिन अधिकांश मठ-मन्दिर और तीर्थ अन्धभक्ति, अज्ञान और शोषण के केन्द्र थे। वेदशास्त्र का अध्ययन भी स्वार्थ साधने के लिए हुआ करता था। उनके यथार्थ ज्ञान से सामान्य लोगों को दूर रखा गया था। पशुबलि और जड़ कर्मकांड के वेदशास्त्रों का खंडन इन शिवशरणों ने इसीलिए किया है।

सैकड़ों देवों की आराधना में फँसे हुए मनुष्य की बुद्धि पर अज्ञान की चादर फैली हुई थी। लोगों को अन्धविश्वास और अज्ञान के दलदल से मुक्त करने का शिवशरणों का प्रयास एक महान कार्य था।

उच्च जाति और वर्ग के लोगों ने समाज का शोषण करने के लिए धर्म को माध्यम बनाया था। वेदाध्ययन का अधिकार स्त्री और शूद्रों को नहीं था। नारी की स्थिति अत्यन्त ही दयनीय थी। वह किसी प्रकार के संस्कार के योग्य नहीं मानी जाती थी। वह भोग की वस्तुमात्र थी। होम-हवनादि अर्थहीन आचरणों की भरमार थी।

भाग्यवादी लोगों की मानसिकता यह सोचकर शान्त थी कि जो मिलता है उसे स्वीकार करना चाहिए, यह सब पूर्व जन्म का फल है। लोग शगुन-भविष्य आदि पर अधिक आश्रित थे।

जब एक समूचे समुदाय के जीवन में इस प्रकार का अज्ञान फैला हुआ हो तो उस पर विचार करना, क्रान्ति की ओर ले जाना अत्यन्त आवश्यक होता है। शिवशरणों ने समाज को इसी ज्ञान प्रकाश की ओर ले चलने का काम किया था।

सामाजिक

शिवशरणों का पूर्वकालीन समाज अत्यन्त ही हीनावस्था में था। अशान्ति, अतृप्ति, संघर्ष और सामाजिक मूल्यों का नाश, धर्म का अध:पतन तत्कालीन समाज का पतित रूप था। कई प्रकार की असमानताओं से समाज विषैला बन चुका था। उच्च-नीच जातियाँ, उद्योग में श्रेष्ठ-कनिष्ठ, आर्थिक दृष्टि से अमीर-गरीब, स्त्री-पुरुष भेद, और इसी प्रकार की अन्य असमानताओं से समाज रोगग्रस्त बन गया था। कथनी-करनी, अन्तरंग-बहिरंग में विभेद, स्वउद्योग में निष्ठा का अभाव और बाह्याडम्बर में जीवन व्यतीत करता हुआ, अनीतियों और धर्मान्धता के पंजे में सामान्य मनुष्य जकड़ा हुआ था। इस प्रकार समाज असन्तुष्ट था।

खेती उस युग का प्रमुख उद्योग था। लुहार, कुम्हार, जुलाहा, मोची और धोबी आदि अपने-अपने उद्योग करते थे। ये उद्योग वंश परम्परा से चल रहे थे। वैश्य व्यापार करते थे। दूसरे लोग आवश्यक वस्तु इनसे खरीदते थे।

जाति-पद्धति प्रचलित थी। ब्राह्मण, क्षत्रिय, वैश्य, शूद्र जैसे वर्ण में समाज बँट गया था। यों तो वर्ण पद्धति के कठोर नियम ढीले पड़ गए थे। और कई प्रकार की जाति-उपजातियों का निर्माण हो चुका था। ब्राह्मण इनमें उच्च क्षेत्रीय शासन के अधिकारों का अनुभव करते थे और समाज में वैश्यों और शूद्रों की उपेक्षा थी। क्षत्रियों को ब्राह्मणों से शिक्षा मिलती थी। शिक्षा, धर्म, उपनिषद और वेदाध्ययन ब्राह्मणों की सम्पत्ति बन गई थी।

चातुर्य वर्ण के अलावा एक वर्ग अस्पृश्यों का था जिनका जीवन कुत्तों से भी गिरा हुआ बन गया था। अछूतों की छाया से भी उच्च वर्ग के लोग बचते थे। उनके साथ खान-पान के सम्बन्धों की कल्पना भी नहीं की जा सकती थी। समाज के सभी वर्गों की सेवा करने पर भी गाँव से दूर झोंपड़ियों में सांसारिक सुख-सुविधाओं से वंचित होकर उन्हें रहना पड़ता था। अस्पृश्यों की स्थिति अत्यन्त ही दयनीय थी। इस अन्त्यज का तो नाम तक नहीं होता था। इस प्रकार शूद्र और अस्पृश्यों का जीवन अत्यन्त ही दयनीय और हीन था। शारीरिक दृष्टि से वे मनुष्य लगते थे पर मनुष्य की सुविधाएँ उन्हें प्राप्त नहीं थीं। इसीलिए बसवेश्वर ने स्पष्ट रूप से जाति-पद्धति का विरोध किया और कुल को निष्प्रयोजक बताया है।

ब्राह्मणों के बाद समाज में दूसरा स्थान क्षत्रियों का था। यज्ञ आदि करने, शिक्षा प्राप्त करने का अधिकार इन्हें था। मृत्युदंड से ये मुक्त थे। तीसरा स्थान वैश्यों का था। ये व्यापार करते थे। समाज में चौथा स्थान शूद्रों का था जिनका सारा जीवन उच्च जाति के लोगों की सेवा में बीत जाता था। समाज में इन्हें न कोई अधिकार था न कोई सुविधा। अन्तिम और अत्यन्त ही उपेक्षित वर्ग अस्पृश्यों का था।

इन जाति और वर्गों के अतिरिक्त कई प्रकार की जाति-उपजातियाँ बन चुकी थी। सोड्डल-बाचरस का एक वचन, यह स्पष्ट करता है कि किस प्रकार उस युग में पुरुष के भिन्न-भिन्न अंगों से भिन्न-भिन्न जातियों की कल्पना की गई थी :

मस्तक ब्राह्मण, नयन क्षत्रिय,
नाक बनिया, अधर खेतिहर
चोटि ब्राह्मण, नेत्र क्षत्रिय
नाक बनिया, अधर किसान,
कान ग्वाल, गर्दन कुम्हार
बाँहें पंचाल, हथेली गौड़ी
नख हज्जाम, पेट डोंब
पीठ धोबी, त्वचा जुलाहा।

अन्तरजातीय विवाह का उस समाज में विरोध था। धर्मशास्त्र में विवाह की अनुलोम पद्धति की अनुमति थी। नरेशों की बहुपत्नियाँ होती थीं। प्रत्येक जाति में

कई उपजातियाँ होती थीं और उन उपजातियों में ही विवाह होते थे। छोटी आयु में विवाह होते थे।

शिवशरण पूर्व युगीन समाज में नारी की अत्यन्त दयनीय स्थिति थी। वह भोग की वस्तु, पाप की पिटारी और साधना के मार्ग में बाधा डालनेवाली पापिन मानी जाती थी। उस युगीन सामाजिक व्यवस्था की विडम्बना है कि शूद्र और स्त्री किसी प्रकार के संस्कार के अयोग्य माने जाते थे, और माना जाता था कि वह किसी प्रकार के स्वातंत्र्य के योग्य नहीं। स्त्री को बाल्यावस्था में पिता पर, यौवनावस्था में पति पर, और वृद्धावस्था में पुत्र पर निर्भर रहना पड़ता था। नारी सम्बन्धी मनु का यह श्लोक प्रसिद्ध है :

पिता रक्षति कौमारे, भर्ता रक्षति यौवने
रक्षति स्थाविरे पुत्रा, न स्त्री स्वातंत्र्यमर्हति।

वैदिक और जैन धर्म स्त्री को मुक्ति प्राप्ति के योग्य नहीं मानते थे। जीवन की कोई सुविधा नारी को प्राप्त नहीं थी जो पुरुष को थी। शिक्षा से वंचित नारी को पुरुष की छाया के समान जीवन व्यतीत करना पड़ता था। सती प्रथा प्रचलित थी। अपमानजनक, उपेक्षित विधवा जीवन से ऊबकर सती होना ही वह श्रेष्ठ समझती थी। क्षत्रियों में यह पद्धति अधिक थी। स्त्री की इच्छा-अनिच्छा की उपेक्षा कर उसे मृत पति के साथ जला दिया जाता था। इस प्रकार उस समाज में हजारों बन्धनों में बँधी स्त्री सजीव शव थी। नारी को इस दलदल से मुक्त करने के लिए शिवशरणों ने स्त्री-पुरुषों की समानता की घोषणा कर दी और समग्र व्यक्तित्व विकास की सुविधाएँ उसे दी गई।

कुछेक मठ-मन्दिरों ने सामाजिक जीवन को सुखी करने का प्रयास किया था। ये सांस्कृतिक और विद्या के केन्द्र होते थे। लेकिन अधिक संख्या में मठ-मन्दिर अज्ञान, अविद्या, अन्धश्रद्धा, स्वार्थ और शोषण के केन्द्र बन चुके थे।

भेदभावना की वृत्ति ने समाज को टुकड़े-टुकड़े कर दिया था। ब्राह्मण का पुत्र ब्राह्मण और कुम्हार का पुत्र कुम्हार ही हो सकता था। ब्राह्मण मात्र वेदशास्त्राध्ययन से हटकर अन्य उद्योग कर सकता था लेकिन शूद्र या अस्पृश्य ऐसा नहीं कर सकता था।

समाज की इस व्यवस्था ने ब्राह्मणेतरों को प्रगति की ओर जाने से रोका था। मेहनतवाले सारी सुविधाओं से वंचित थे, ब्राह्मण, राजा, मठाधीश, मंत्री, पुजारी आदि दूसरे के मेहनत का फल भोग रहे थे। अन्धश्रद्धा, आलस्य, अज्ञान, स्वार्थ, जड़ परम्पराओं ने समाज को कमजोर बना दिया था। धार्मिकाचरण का प्रतीक देवदासी ने वेश्यावृत्ति का रूप ले लिया था।

इस प्रकार कई प्रकार के विचित्र और भयंकर अन्धविश्वासों के जाल में समाज जकड़ा हुआ था। स्त्री की उपेक्षा सब जाति और वर्गों में थी।

कन्नड़ के शिवशरण कालीन समाज की रचना और परिस्थितियाँ उपरोक्त कह दी गई हैं। समाज के जागरूक और सजग प्रहरी बसवेश्वर और अन्य शिवशरणों ने धार्मिक क्रान्ति द्वारा सामाजिक और साहित्यिक क्रान्ति कर दी। सब प्रकार से समान समाज की स्थापना उनका उद्‌देश्य था। इसी उद्‌देश्य की प्राप्ति के लिए इन्होंने काव्यशास्त्र का प्रयोग किया था। इस प्रकार के काव्य का अध्ययन उसकी सामाजिक चेतना की दृष्टि से करना अपने आप में महत्त्वपूर्ण स्थान रखता था।

साहित्यिक

बारहवीं सदी के शिवशरणों के पूर्वकालीन संस्कृत प्रधान साहित्य का बहुत बड़ा भाग बहुत बड़ी संख्या में लोगों के लिए बहुत बड़ा शून्य (Zero) था। राजाश्रय में रहकर परम्परावादी पंडितों ने चम्पूकाव्य की रचना की। राजा-महाराजाओं, पंडितों और वैद्यों का दासी कन्नड़-साहित्य संस्कृत के शिकंजों में सिसकियाँ ले रहा था।

लोग यह मान रहे थे कि काव्य प्रतिभा ईश्वर की देन है, पूर्वजन्म के पुण्य मात्र से ही कोई काव्य रचना की शक्ति प्राप्त कर सकता है। राजाश्रित वह साहित्य उन नरेशों की श्रृंगारिक मानसिकता को तृप्त करने में ही धन्य समझता था और आश्रयदाता नरेशों को चाँद, सूरज, वीराधिवीर, अरिकेसरी आदि बढ़ा-चढ़ाकर वर्णन करने में वह तृप्त था। इनके राजा इनकी रचनाओं में महाभारत के वीरनायक थे। ये रचनाएँ सामान्य लोगों तक जाने, आलोचकों से आलोचित और चर्चित होने, ज्ञानवृद्धि करने के लिए नहीं, बल्कि राजा की प्रशंसा प्राप्त करने और पूजागृहों में पूजित होने के लिए थीं। सामान्य लोग, शूद्र और अस्पृश्यों एवं स्त्री के लिए साहित्य अस्पृश्य और जड़ वस्तु थी।

ग्यारहवीं सदी का कन्नड़ साहित्य शास्त्र-साहित्य (रीति साहित्य) माना जाता है; दसवीं सदी के उत्तरार्ध में नागवर्मा प्रथम की 'धन्दोबुधि' ग्यारहवीं सदी के लिए चाउंडराय द्वितीय की 'लोकोपकार' चन्द्रराजा की 'मदनतिलक, श्रीधराचार्य की 'जातक तिलक' आदि शास्त्र-साहित्य की रचनाएँ हैं।

वचन साहित्य के पूर्व के साहित्य की विशेषताएँ इस प्रकार गिनी जा सकती हैं :

(1) परम्परावादी साहित्य

(2) पंडितों की पांडित्यपूर्ण काव्य की रचना

(3) रीतिबद्ध चम्पूकाव्य की रचना

(4) काव्य में विविधता नहीं, चर्वित-चर्वण विचार
(5) संस्कृत भाषा का पूरा प्रभाव
(6) केवल वस्तुनिष्ठ काव्य (कला के लिए कला)
(7) सीमित पाठक-वर्ग (केवल पंडितों) के लिए रचा गया साहित्य
(8) राजाश्रित साहित्यकार
(9) कल्पना और अवास्तविक वर्णनों की भरमार
(10) आश्रयदाता नरेशों का बढ़ा-चढ़ाकर वर्णन
(11) जनविरोधी साहित्य-मूल्य

तद् युगीन साहित्य राजा-महाराजा और दरबार के निकट और सामान्य लोगों से दूर था। उसी साहित्य को भव्य माना जाता था।

वचन साहित्य के पूर्व साहित्य की ऐसी ही स्थिति थी, वहीं बारहवीं सदी का साहित्य परिवर्तन की दिशा ढूँढ़ रहा था। समय परिवर्तन की प्रतीक्षा कर रहा था। बारहवीं सदी में बसवेश्वर और उनके अन्य समकालीन शरणों से पूर्व 'वचन' साहित्य समय की माँग थी। पंडितों से सामान्य लोगों की ओर, संस्कृत के प्रभाव से देशी भाषा की ओर साहित्य जा रहा था। वचन-साहित्य पुरानी कन्नड़ से मध्यकालीन कन्नड़ की ओर, चम्पूरीति से देशीय रीति की ओर, कठिनता से सरलता की ओर, भ्रमों से स्पष्टता की ओर अग्रसर होता हुआ दिखाई देता है। वचन साहित्य की लोकोन्मुखी विषयवस्तु, सरल कन्नड़, नई शैली गद्यात्मक पद्य के अपने गुणों के कारण लोगों को अपनी ओर तुरन्त आकर्षित करने लगा। सामाजिक चेतना वचन साहित्य की अपनी विशिष्ट शक्ति बन गई थी। बारहवीं सदी साहित्यिक दृष्टि से चम्पू साहित्य को कमजोर करने का काल था, राजनीतिक दृष्टि से शौर्य, साहस और वीरोत्साह का काल था, और सामाजिक दृष्टि से नए विचार और नए मूल्य की स्थापना से सामान्य लोगों को अपने में समेटकर सारी सामाजिक व्यवस्था को बदल डालने का काल था। ऐसी पृष्ठभूमि में शरणों के वचन साहित्य का उदय एक सहज घटना लगती है।

यदि चम्पू (एक छंद) साहित्य लोगों की सहानुभूति से वंचित था तो वचन साहित्य सामान्य लोगों पर या सामान्य लोगों के लिए निर्मित था।

वचन साहित्य के प्रारम्भ का स्पष्ट चित्र तो हमें नहीं मिलता। लेकिन पंडितों ने 'देवर दासिमय्या' को प्रथम वचन रचनाकार माना है। बसवेश्वर का एक वचन इसे स्पष्ट करता है कि बसवेश्वर और उनके समकालीन शरणों से पूर्वकाल में वचन साहित्य का निर्माण हो रहा था।

बसवेश्वर के पूर्व में वचन साहित्य का सृजन अत्यन्त मन्द गति से हो रहा था। आगे आनेवाले शरणों के युग में वचन काव्य-रचना एक आन्दोलन का रूप धारण कर चुका था।

जब इन शिवशरण और शरणियों ने कल्याण (आज का बसवकल्याण बीदर जिला) को अपना कार्य क्षेत्र बनाकर अनुभव मंटप की स्थापना की तो इन्होंने वचन साहित्य की रचना प्रचुर मात्रा में की। इसकी आलोचना-प्रत्यालोचना के फलस्वरूप उसमें वैचारिकता की गम्भीरता आई।

इन्होंने सामाजिक चेतना से प्रेरित होकर लोगों की अन्ध भक्ति और अज्ञान को दूर करने के लिए, सब प्रकार से समान स्वस्थ समाज की स्थापना के लिए काव्य की रचना की।

सुन री सजनी...

किसी समाज या देश की अर्धशक्ति स्त्री होती है। स्त्री धरती माता कही गई है। वह अपना सब कुछ समर्पण कर इस संसार का लालन-पालन करती है। पर अत्यन्त ही दु:ख का विषय है कि वह सदैव ही उपेक्षित रही है। स्त्री इस विश्व की सर्वप्रथम दलित है। इस पुरुष प्रधान समाज में व्यक्तित्व विकास के सब प्रकार के अवकाशों से वह वंचित रही है। वह भोग की वस्तु मानी गई है। नारी बाल्यावस्था में पिता पर, यौवनावस्था में पति पर और वृद्धावस्था में बेटों पर निर्भर रहती है।

भारत में वैदिक चिन्तन ने तो स्त्री व्यक्तित्व की सर्वोपरि उपेक्षा की है। मुँह से तो यह भी कहा गया कि 'मातृ देवो भव:' जहाँ नारी की पूजा होती है वहाँ देवता लोग रमते हैं, वह आदिशक्ति परमेश्वरी के प्रतीक के रूप में है, आदि। पर वास्तव में वह नारकीय वेदनाओं में जीवनयापन करती रही है। इस देश के हर गाँव में देवी के मन्दिर मिलेंगे, त्रिमूर्तियों के दाँत खट्टे करनेवाले असुरों का संहार करनेवाली देवी तथा उसकी प्रभुता को स्वीकार करनेवाली पुराण कथाएँ उपलब्ध हैं। पर यथार्थ में उसे हर स्थान, हर मान और हर कार्य के लिए अयोग्य बतानेवाले प्रतिबन्ध भी पाए जाएँगे। स्त्री को झूठ का अवतार मानते हुए याज्ञवल्क्य और वशिष्ठ ने उसे साक्षी के लिए भी अयोग्य घोषित किया था। दयालु और करुणामयी धर्ममार्ग के गौतम बुद्ध ने भी कोई समानता का स्थान स्त्री को नहीं दिया था।

स्त्री ने पुरुष के जीवन में माँ, पत्नी, बहन, बेटी, बनकर उसके जीवन को आलोकित किया, मधुर बनाया, सार्थक किया और चेतना की शक्ति बनी रही। तुलसीदास जैसे महान संत कवि ने भी बिना संकोच के स्त्री के बारे में कहा कि 'ढोल, गँवार, शूद्र, पशु, नारी ये सब ताड़न के अधिकारी।' यह तो पुरुषवर्ग की मानसिक अस्वस्थता का स्पष्ट उदाहरण लगता है। स्त्री वेदना की सीमा का कहीं अन्त नहीं है। विवाह से पहले माता-पिता की सेवा में और विवाह के बाद पति की सेवा में जीवन व्यतीत होता है। पति यदि पहले मर जाता है तो बेटों की मर्जी पर जीवन जीना होता है। उसका तो अपना एक घर होता ही नहीं

है। मायका तो माँ-बाप और भाइयों का घर है, पति का घर तो पति का होता है उसका अपना नहीं है।

भारतीय वर्णव्यवस्था में ब्राह्मण के लिए वेदाध्ययन, क्षत्रिय के लिए युद्ध, वैश्य के लिए धनार्जन स्वधर्म है, पर शूद्र का धर्म इन सबकी सेवा करना है। स्त्री भी अपने तीनों रक्षकों—पिता, पति और पुत्र की सेवा का कर्तव्य निभाती है। स्त्री की गिनती भी शूद्रों में ही की गई है। जिस प्रकार शूद्र अपने व्यक्तित्व विकास की ही सुविधाओं से वंचित था उसी प्रकार स्त्री भी वंचित थी। शिक्षा प्राप्त करने की दृष्टि से एक राजा की पुत्री और एक दलित मजदूर की पुत्री की स्थिति एक जैसी थी क्योंकि पुरुष ने कभी नहीं चाहा कि स्त्री शिक्षित हो। मनु ने तो घोषणा की थी कि नारी स्वातंत्र्य के लिए योग्य नहीं है।

यह तो स्त्री व्यक्तित्व को शून्य करना हुआ। लगता है वैदिकों के साथ जैन भी स्त्री को मुक्ति प्राप्ति के योग्य नहीं मानते थे।

सती प्रथा हमारे देश में प्रचलित थी। अपमानजनक और उपेक्षित विधवा जीवन से सती होना ही श्रेष्ठ समझने का भ्रम था। क्षत्रियों में यह पद्धति अधिक थी। उसकी इच्छा-अनिच्छा की उपेक्षा कर पति के साथ वह जला दी जाती थी। इस प्रकार उस कालीन समाज में हजारों बन्धनों के बीच वह सजीव शव थी।

जिस पति के मरने के बाद स्त्री सती होती है उस पुरुष पति को पत्नी के प्रति प्रामाणिक होना अनिवार्य नहीं है। भारतीय विधवा स्त्री की वेदनाओं की कोई सीमा नहीं है। शृंगार करना, मुक्त होकर हँसना भी उसके लिए वर्जित माना जाता है। किसी वर्ग और जाति की विधवाओं की वेदनाओं में कोई अन्तर नहीं है। राम को पुरुषोत्तम माना जाता है पर उन्होंने भी अपनी पत्नी सीता की अग्नि परीक्षा के रूप में स्त्री अस्तित्व को नकारा था। मरे हुए पति को स्वर्ग से सावित्री लौटाकर ले आती है। पर वही पुरुष सैकड़ों जीवित स्त्रियों को अग्नि में झोंक देता है।

पुरुष वर्ग की सुख-सुविधा के लिए स्त्री सदैव अपने आपको पूर्ण रूप से समर्पित करती आई है।

नारी की निन्दाओं से, नारी के अनादर से, नारी को द्वितीय श्रेणी की नागरिक सिद्ध करने के उदाहरणों से हमारे शास्त्र-पुराण भरे पड़े हैं। पुरुष निर्मित साहित्य, दर्शन और इतिहासों में स्त्री सदैव हाशिए पर रही है।

लगता है, भारत ही नहीं बल्कि विश्व के हर देश में स्त्री अपने व्यक्तित्व विकास के अवकाशों से वंचित ही रही है। हर समाज ने स्त्री को उपेक्षा की दृष्टि से ही देखा है। कुछ उदाहरण देखा जा सकता है :

"स्त्री को कभी तत्त्वशास्त्र का अध्ययन नहीं करना चाहिए, वैवाहिक जीवन के नियमों का पालन करना ही स्त्री के लिए श्रेष्ठ तत्त्व है।"

—यूरोप का एक धर्मोपदेश

"ज्ञान, पुरुष का आदर बढ़ाता है तो अज्ञान स्त्री की सुन्दरता का कारण बनता है।"

—एक चीनी कहावत

"स्त्री, पुरुष का कोई मार्गदर्शन नहीं कर सकती। इस संसार में स्त्री की वजह से ही पाप है। इसलिए स्त्री भयंकर नरक में जाती है। उसकी मुक्ति का कोई मार्ग नहीं है।"

—सेंट पॉल

"न स्त्री स्वातंत्र्यम् अर्हति"

—मनु

हिन्दू धर्म में तो शूद्र अत्यन्त हीन जीव है और स्त्री तो नीच मानी ही गई है। इसलिए हिन्दू समाज में स्त्री की स्थिति शूद्रों से भी दयनीय है।

"स्त्री सब बुराइयों की जड़ है।"

—महाभारत

"स्त्री चंचला है, तलवार की तरह तेज है, तूफान की तरह अस्थिर है।"

—रामायण

"स्त्री एक वस्तु है, एक चीज है।"

—शाक्त

बेटी के विवाह में पिता अपनी बेटी का कन्यादान करता है। प्रायः भारतीय भाषा में ही 'कन्यादान' जैसा शब्द देखने को मिलता है जहाँ किसी वस्तु या प्राणी को दान के रूप में देने की प्रथा सुनने में आती है अर्थात् भारतीय सन्दर्भ में स्त्री का अस्तित्व किसी वस्तु या प्राणी के समान ही है।

दहेज के नाम पर स्त्री को जला देना अत्याचार है। स्त्री-भ्रूण-हत्या भारतीय समाज के लिए बहुत बड़ा कलंक है। आनेवाले दिनों में स्त्री की नारकीय स्थिति को लेकर यह एक चेतावनी है। आठवें दशक में तमिलनाडु के उसिलंब में वुल्लकर जाति में लगभग छह हजार नवजात शिशुओं की हत्या माँ-बाप ने मिलकर की थी। आज भी राजस्थान और हरियाणा में स्त्री-भ्रूण-हत्या आम बात लगती है। मुम्बई

के एक अस्पताल में ही 1984-85 में सोलह हजार स्त्री-भ्रूण-हत्या की बात बाहर आई थी। *(गार्डियन 4.11.86)*

1978-83 के बीच प्राप्त आँकड़ों के अनुसार भ्रूण-हत्या के उदाहरण मिलते हैं। एक समाचार-पत्र से पता चला है कि इन दिनों हरियाणा के एक निजी अस्पताल के पास एक कुएँ में सौ से अधिक स्त्री शिशु भ्रूण मिले हैं। ऐसा नहीं है कि अशिक्षित और निर्धन लोग ही यह काम करते हैं। पढ़े-लिखे और सम्पन्न परिवारों में भी यह हो रहा है। कहा जाता है कि एक स्वस्थ समाज में स्त्री-पुरुषों की संख्या 51:49 के अनुपात में होनी चाहिए। तात्पर्य है कि स्वस्थ समाज में स्त्री संख्या का पुरुष संख्या से अधिक होना सही माना गया है। पर स्त्री-भ्रूण-हत्या की वजह से प्रति एक हजार जनसंख्या में लगभग 70-75 की दर से संख्या कम होती जा रही है। हरियाणा और पंजाब में युवकों के विवाह में युवतियों के अभाव की समस्या गाँवों में देखी जा रही है। समाज के समाजशास्त्रियों का तो कहना है, आनेवाले दिनों में द्रौपदी की तरह पाँच पति होने का दृश्य देखने को तो नहीं मिलेगा? स्त्री-भ्रूण-हत्या को अपराध करार देने का कानून तो आया है पर मनुष्य के मन को मानवतावादी करने के लिए कोई कानून नहीं है।

इस प्रकार की राक्षसी प्रवृत्ति के दो कारण हैं—समाज में स्त्री के प्रति हीनभावना का होना और बेटी की शादी में माँ-बाप का आर्थिक नुकसान होना। भारतीय मानसिकता यह समझ बैठी है कि बेटे से ही परिवार का उद्धार होता है। सैकड़ों की संख्या में इधर एक जनजाति में माँ-बाप ने अपनी बेटियों को बेच दिया। कारण है गरीबी और बेटी की शादी रचने में उनकी आर्थिक अयोग्यता।

जमीन को निजी सम्पत्ति के रूप में देखने की परिकल्पना के साथ पितृप्रधान परिवार अस्तित्व में आया। स्त्री अपना आर्थिक अधिकार खो बैठी। सम्पत्ति के उत्पादन अधिकार से वह वंचित हो गई और द्वितीय श्रेणी की नागरिक बन गई। पुरुष जब हल चलाने लगा तो हल का मालिक भी बन बैठा और जमीन का भी। इसी उपक्रम में स्त्री का भी मालिक बन बैठा। स्त्री और विश्व की सब चीजों पर पुरुष का अधिकार हो गया। तभी से स्त्री की दुखभरी हीनावस्था शुरू हो गई।

मानव मात्र के इतिहास के साथ स्त्री मुक्ति का इतिहास भी जुड़ा हुआ है। लेकिन अत्यन्त ही अनसुनी आवाज में। लगभग सन् 1830 के आसपास अमेरिका की महिलाएँ गुलामी विरोधी कार्यक्रमों में स्वयं को शामिल करने लगीं। अमेरिका में 'गुलामी विरोधी समाज' का आरम्भ 1883 में हुआ था। यह समाज गुलामी विरोधी संघर्षों के लिए बनी संस्थाओं में से एक था। महिलाओं को इस समाज

की समिति की सदस्यता देने के योग्य नहीं माना गया था। आश्चर्य होता कि यूरोप के कई देशों से आकर अमेरिका का निर्माण करनेवाला यह श्वेत पुरुषवर्ग मानता था कि स्त्री को स्वतंत्रता नहीं देनी चाहिए; यह पुरुष प्रधान समाज का अहं था। वे यह मानते थे कि स्त्री को घर के काम-काज में ही लगना चाहिए। इसीलिए श्वेत महिलाएँ अपने अधिकार के लिए और श्याम वर्ण के गुलामों की मुक्ति के लिए दास्य विरोधी आन्दोलन श्वेत महिलाओं की अस्मिता और श्याम वर्ण की जन-जातियों की मुक्ति के लिए एक साथ काम कर रहा था। यहाँ अधिक बल शोषित, विशेषकर श्याम वर्ण की स्त्री मुक्ति पर दिया गया। गुलामी विरोधी आन्दोलन ने बड़ी सूक्ष्मता से स्त्री मुक्ति का भी काम ऊँची आवाज में किया है। कई अफ्रीकी महिलाएँ भी इस आन्दोलन में काम कर रही थीं, जो स्त्रियों में एक आत्मबल देने में सहायक सिद्ध हुआ। महिलाओं की ओर से एक उदाहरण दिया जा सकता है। सार्जनर टूथ नामक महिला का जन्म न्यूयॉर्क के हरले में हुआ था। इनका पुराना नाम था इबेज बौन फ्री। बूढ़े गुलाम से जबरदस्ती विवाह होने के बाद उन्होंने पाँच बच्चों को जन्म दिया। गुलामी के दिनों में उसके तीन बच्चे बेच दिए गए। सन् 1828 में इसेसाबेल गुलामी से भागकर आई और 1843 से सारी जिन्दगी गुलामी के विरोध में वह भाषण करती रही। सार्जनर अनपढ़ थी पर भाषण कला में चतुर थी। लगभग चालीस वर्षों तक वे स्त्री मुक्ति और गुलामी के विरोध में विचार-प्रसार करती रही। वह दासता विरोधी मात्र नहीं, बल्कि स्पष्ट स्त्रीवादी भी थी। ओहयों में चल रही स्त्री अधिकार आन्दोलन की सभा में दिया गया उनका वक्तव्य बहुत प्रसिद्ध है। वक्तव्य का प्रारम्भ उन्होंने इस प्रकार किया था—मैं एक औरत हूँ न! स्त्री में यह एहसास बहुत ही महत्त्वपूर्ण लगता है। गुलामों की मुक्ति के लिए किए गए आन्दोलनों में कई गुलाम महिलाओं का भाग लेना स्त्री मुक्ति के लिए प्रकाश किरण स्वरूप इतिहास में दर्ज हुआ।

बारहवीं सदी में कन्नड़ का वचन साहित्य स्त्री स्वातंत्र्य, सम संस्कृति की स्थापना, अभिव्यक्ति स्वातंत्र्य, चर्चा-परिचर्चाओं का प्रारम्भ या यों कहें सबको सब प्रकार की समानताओं के स्वस्थ समाज का निर्माण, अंतरंग और बहिरंग व्यक्तित्व विकास की सुलभ सम्भावनाओं का अवकाश, मन्दिर की पत्थर संस्कृति से मनुष्य केन्द्रित संस्कृति की ओर चलने की प्रक्रिया का साहित्य है। इस साहित्य-सन्दर्भ ने लगभग भारतीय निम्न जाति और निम्न वर्ग को पहली बार बोलने, लिखने और सब प्रकार के व्यक्तित्व विकास का अवकाश दिया है। विशेषकर महिलाएँ अधिक संख्या में यहाँ पढ़ती-लिखती काव्य सृजन करती रही थीं, वे चर्चाओं में भाग लेतीं, और समकालीन मानव सम्पन्न मूल्यों की श्रीवृद्धि का कारण बनती हैं। आज लगभग नौ सौ वर्षों के बाद भी 35 से अधिक महिलाओं का काव्य

वचन साहित्य के रूप में मिलता है। सांस्कृतिक स्त्री शक्ति का चिन्तन-विवेचन यहाँ होता है। इसलिए विश्व स्तर पर स्त्री शोषण का अवलोकन और उसकी मुक्ति के लिए किए गए प्रयास इस साहित्य में देखे जा सकते हैं। वचन साहित्य के सन्दर्भ को और अधिक चैतन्यशील दृष्टि से देखा जा सके, इसलिए अमेरिका में गुलामों के संघर्ष का इतिहास और वहाँ की गुलाम महिलाओं के दर्द को आँखों के सम्मुख लाने के लिए कुछ और बातें यहाँ पाठकों के सामने रखने की इच्छा हो रही है।

सन् 1616 : आधुनिक अमेरिका के इतिहास में यह वर्ष महत्त्वपूर्ण है। गुलामों के व्यापार के लिए सुविधाजनक स्थान जेम्स टाउन में अफ्रीकी गुलामों का आगमन। एक डच व्यापारी ने यहाँ गुलामों को अनाज के बदले में खरीदकर गुलामी पद्धति की स्थापना की।

सन् 1638 : अफ्रीकी गुलाम पुरुषों की कीमत लगभग 27 डॉलर निश्चय की गई। यूरोपीय मजदूर का एक दिन का पारिश्रमिक 70 सेंट था।

सन् 1640 : रोमन पद्धति की तरह गुलामों पर मुहर लगाना, उन्हें चाबुक से मारना आदि शुरू किया गया।

सन् 1641 : गुलाम पद्धति को कानून के मुताबिक सही ठहराया गया।

सन् 1660 : गुलामी के सम्बन्ध में कई कानून लाए गए। कानून के अनुसार अफ्रीकी गुलाम, गुलाम औरत के बच्चों को सारी जिन्दगी गुलाम रहकर सेवा करनी होगी।

सन् 1662 : वर्जीनिया कानून के अनुसार सारे अफ्रीकी अश्वेतों को गुलामी करनी होगी। नीग्रो औरतों को श्वेत पुरुषों के सम्बन्ध से यदि बच्चे जन्म लेते हैं तो माँ की तरह बच्चे को भी गुलामी करनी होगी।

सन् 1664 : मेरीलैंड में गुलामी पद्धति का कानून लाया गया। श्वेत महिलाओं का अश्वेत पुरुषों के साथ विवाह करना क़ानून विरोधी माना गया। यह कानून अगले 300 वर्षों तक जारी रहा। (अर्थात् 1964 तक!)

सन् 1672 : ब्रिटेन ने रॉयल अफ्रीकन कम्पनी की स्थापना कर अफ्रीकी कानून के अनुसार गुलामों का व्यापार प्रारम्भ कर दिया।

सन् 1680 : गुलामी पद्धति के नीति-नियम बनाए गए। नियम के अनुसार गुलामों को निजी सम्पत्ति माना गया। मालिक गुलामों को खरीद सकता था, बेच सकता था, किराए पर दे सकता था

और गुलामों को बदल सकता था। गुलामों को शादी करने, मत देने, सम्पत्ति रखने और अदालत में खड़ा होकर साक्षी बनने का अधिकार नहीं था।

सन् 1698 : ब्रिटिश संसद ने ब्रिटिश व्यापारियों को गुलामों का व्यापार करने की अनुमति दी।

सन् 1717 : नीग्रो पुरुष श्वेत स्त्री से यदि विवाह करता है या श्वेत पुरुष नीग्रो स्त्री से विवाह करता, तो उनको सारा जीवन गुलाम बनकर रहना होगा। श्वेत स्त्री से जन्मे बच्चे का सात वर्षों तक सेवक बनकर रहने का कानून मेरीलैंड राज्य ने पारित किया।

सन् 1776 : ब्रिटेन से देश स्वतंत्र हुआ। फिर भी औरतों को कई तकलीफों का सामना करना पड़ा। एकाध धनवानों को छोड़कर अन्य स्त्रियों को प्राथमिक शिक्षा से बढ़कर शिक्षा की सुविधा नहीं थी।

सन् 1894 : मेरीलैंड की गुलाम स्त्री हॅरियेट् टब् मन् उत्तर दिशा की ओर भाग गई और अंडर ग्राउंड रेलमार्ग में कंडक्टर बन गई। टब् मन् 19 बार दक्षिण में आई और 300 गुलामों को मुक्त कराने में सहायता की।

तात्पर्य यह है कि बारहवीं सदी में कन्नड़ साहित्य में बहुत संख्या में महिलाएँ काव्य की रचना कर रही थीं और अमेरिका में सोलहवीं सदी के आसपास भी स्त्रियों में गुलामी प्रथा चल रही थी और वे मुक्ति के लिए संघर्ष अब शुरू कर रही थीं। 'मध्यकाल में चर्च ने अपने से रत्ती-भर भी असहमत होनेवाले हजारों स्त्री-पुरुषों को डायन और शैतान का पुजारी घोषित करके बहुत ही क्रूर और बीभत्स तरीकों से मौत के घाट उतार दिया था। जॉन ऑफ आर्क को भी जादू-टोने के आरोप में जिन्दा जलाया गया था।'[1]

स्त्री के आँसुओं की दर्द भरी कथा पुरुष प्रधान समाज के ऐतिहासिक पृष्ठों में हर कहीं सुनाई देती है। अपने आपको 'प्रगतिशील देश' घोषित करनेवाले कई देशों में चार-पाँच दशकों पूर्व तक स्त्रियों को वोट देने का अधिकार नहीं था। वैश्विक परिप्रेक्ष्य में आधुनिक काल में भी महिला को प्रोफेसर होने और नोबेल जैसे पुरस्कार प्राप्त करने से दूर रखा गया था।

आज जिस सन्दर्भ में हम जी रहे हैं, हर रोज समाचार-पत्रों में महिला को जला देने, सामूहिक अत्याचार, बेटियों के साथ माँ की आत्महत्या आम बात हो गई है। आजाद भारत के समकालीन युग में भी स्त्री-सती होने के उदाहरण हैं।

---

1. विद्रोही स्त्री—जर्मन ग्रीयर, 239

रूपकुँवर जैसी युवती सती होती है और देखा यह गया है कि उसके पति और ससुर सुशिक्षित थे। सती प्रथा का वैभवीकरण होता है और उस सती के मन्दिर निर्माण के भी प्रयास होते हैं। एक युवा नेता, जो किसी एक राजकीय पार्टी से जुड़ा हुआ होता है, अपनी प्रियतमा लगनेवाली युवती को दो-दो इंच टुकड़ों में काटकर किसी ढाबे के चूल्हे में डाल देता है। आज भी कई गाँवों की स्त्री-शिक्षा शून्य के बराबर है। इससे अन्दाजा लगाया जा सकता है कि स्त्री मुक्ति की लड़ाई अभी कितनी लम्बी है।

वचन साहित्य : स्त्री चिन्तन का उत्साह काल

किसी कवि ने लिखा है :

इतिहास लिखना
काव्य का काम नहीं है
काव्य से बढ़कर
सुन्दर इतिहास लिखनेवाला
कोई इतिहासकार नहीं है।

किसी काव्य, शास्त्र, पुराण आदि में निहित सत्य को सूक्ष्मता से देखने पर स्त्री की स्थिति का चित्रण हमारी आँखों के सामने स्पष्ट हो जाता है। स्त्री शोषण की ऐतिहासिक दृष्टि को सचेत रखकर ही स्त्री मुक्ति के प्रयास किए जा सकते हैं। कहा गया है कि जो इतिहास नहीं जानता वह इतिहास का निर्माण नहीं कर सकता है।

कन्नड़ साहित्य के इतिहास की परम्परा में बारहवीं सदी का वचन साहित्य युग सच्चे अर्थों में स्वर्ण युग कहा जा सकता है। इस काल के कन्नड़ कवि-कवयित्रियों ने, जो शिवशरण-शिवशरणियाँ कहलाते हैं, कविताओं की रचना सामाजिक, आर्थिक, सांस्कृतिक और धार्मिक आन्दोलन के लिए की है। काव्य धर्म इनके लिए साधन मात्र था, न कि साध्य।

'वचन' गद्य-पद्य का सम्मिश्रण सरस काव्य विधा मानी जा सकती है। इनके साहित्य को 'वचन साहित्य' के नाम से जाना जाता है।

एक समय में एक शेक्सपियर या वड्र्सवर्थ का होना, एक कालिदास या रवीन्द्रनाथ टैगोर का होना मेरे लिए या किसी भी स्वस्थ साहित्य प्रेमी के लिए आश्चर्य की बात नहीं लगनी चाहिए। यहाँ तो हर कोई महान कवि था, महाकवि था, महान कवयित्री थी।

अनुभव मंटप

सामूहिक चिन्तन से, प्रश्न करने की परम्परा से, चर्चा-परिचर्चाओं की संस्कृति से सज्जनों के सत्संग से, सबसे बढ़कर सामाजिक हित के सामूहिक उत्तरदायित्व की

चेतना से असम्भव सम्भव होता है। इसके लिए ही शिवशरणों ने 'अनुभव मंटप' की स्थापना की थी। सत्संग और सहचिन्तन इस अनुभव मंटप की विशेषता है।

एक अनुभव की बात है कि तुम्हारे मित्र मंडली के सदस्यों के स्वभाव से पता चलता है कि तुम क्या हो। तुम्हारे व्यक्तित्व का निर्माण उससे होता है जिन लोगों के साथ तुम हो। थोड़ा-सा खोकर और थोड़ा-सा प्राप्त कर तुम बुरे या अच्छे बनते हो। इसलिए विद्वान, चिन्तक, जनवादी, जीववादी के सत्संग में रहोगे तो उसी को प्राप्त करोगे। स्वस्थ समाज के निर्माण के लिए तुम्हारा व्यक्तित्व बहुउपयोगी बन पाएगा। यही सार्वकालिक सत्य है। हर एक पत्थर में एक मूर्ति होती है, पर अनामिकावस्था में। चिन्तन-मंथन से, कलात्मक, सूक्ष्म बारीकियों के काम से एक कलात्मक शिल्प कलाकृति का साक्षात्कार करना पड़ता है। यह सत्संग से ही सम्भव होता है। सत्संग से मनुष्य हीनभावना और अहंभावना इन दोनों से मुक्त होता है। इन दोनों से मुक्त समाज में व्यक्ति और समाज का हित सम्भव होता है। व्यष्टि एवं समष्टि का सुन्दर समन्वय सम्भव होता है।

ज्ञानी और अनुभवी-अनुभावियों के सत्संग से अपनी उपयोगिता और योग्यता का भी परिचय होता है। संवेदनशील और श्रेष्ठ लेखक, कलाकार, संगीतकार और सांस्कृतिक महत्त्व के व्यक्तियों का विकास ऐसे ही सत्संग से हुआ है। गलत रास्ते पर जा रहा व्यक्ति भी विद्वानों के मार्गदर्शन से सही रास्ते पर चलने लगता है। अनुभवी चेतनाओं के अनुभव मंटप सत्संग से बिगड़ी हुई बात बनती है। कबीरदास ने भी कहा है :

सत्संग लागी रहो रे भाई।
तेरी बिगरी बात बन जाई॥

ऐसा नहीं कि सत्संग का सत्फल इने-गिने लोगों को ही मिलता है। ब्राह्मण, क्षत्रिय, वैश्य, शूद्र, अन्त्यज सब को यह सत्फल सुनिश्चित है। पर देखना यह होता है कि क्या यह सज्जनों का सत्संग है या कोई भ्रम। शरण संत कबीरदास, बसवेश्वर आदि के सत्संग से कई उपेक्षित शरण संतों ने श्रेष्ठता को प्राप्त किया।

साहित्यिक और सामाजिक क्रान्ति की कल्पनाओं को यथार्थ में परिवर्तित करने के लिए शिवशरणों ने 'अनुभव मंटप' की स्थापना की थी। वर्ग-वर्ण-लिंग का भेदभाव न करते हुए सबको अनुभव मंटप में प्रवेश मिला। इसकी सदस्यता के लिए यह अनिवार्य माना गया था कि इसके सदस्य सभी को समानता की दृष्टि से देखें। शुद्ध कायक (श्रम) करते हुए परिश्रमजीवी बनकर रहें और स्त्री-पुरुषों से भेदभाव न करें। सारे भारत के भिन्न-भिन्न प्रदेशों से इस अनुभव मंटप में भाग लेने के लिए; धार्मिक और सामाजिक परिवर्तन के आन्दोलन से अपने आपको जोड़ने के लिए यहाँ सभी जमा हो गए थे, जैसे कश्मीर से राजा महादेव और उनकी पत्नी,

गुजरात से आदय्या, कलिंग देश से मरूळशंकरदेव, आन्ध्रा से मैदून रामय्या तथा कर्नाटक के कोने-कोने से शिवशरण और शरणियाँ। सभी श्रमवर्ग के लोगों ने इसमें भाग लिया था, जैसे—मोची, ढोर पालक, धोबी, केवट, हज्जाम, लकड़ी बेचनेवाले, रस्सी बनानेवाले, किसान, नट, संगीतज्ञ, चावल कूटनेवाले आदि। लगभग सब शरण अपनी धर्मपत्नी के साथ अनुभव मंटप की आध्यात्मिक और साहित्यिक परिचर्चाओं में भाग लेते थे। जीवन के भीतर-बाहर की चर्चा करते थे एवं अन्तरंग और बहिरंग शक्ति प्राप्त करते थे। उस युग में शरण-शरणियों के सत्संग के केन्द्रस्थान अनुभव मंटप द्वारा अनुपम सांस्कृतिक विकास सम्भव हुआ। आश्चर्यजनक रीति से उपेक्षित निम्न जाति एवं निम्न वर्ग के शरण-शरणियों ने अनुभव मंटप की चर्चाओं में सक्रिय भाग लिया, काव्य की रचना की, काव्य को लेकर आलोचना की एवं काव्य और जीवन का सुन्दर समन्वय किया। इस सत्संग में, जिसने कभी बात नहीं की थी, उसने ऊँची आवाज में सांस्कृतिक बातें कीं। स्त्रियों ने सबसे पहली बार व्यक्तित्व का सर्वोपरि विकास किया और इससे सामाजिक व्यक्तित्व का भी विकास हुआ।

शरणों के सत्सम्पर्क में आकर कई हीन जाति के लोगों ने व्यक्तित्व विकास किया। वे सोचने लगे कि जन्म से कोई छोटा या बड़ा नहीं होता। शरणी लिंगम्मा इस सत्संग से अपने को धन्य समझती हैं और कहती हैं :

निम्न जाति में जन्म लेकर
सत्संग में विकसित होकर,
सत्य शरणों के चरणों में रही।

इस वचन साहित्य आन्दोलन ने जाति पद्धति, अस्पृश्याचरण, एवं असमानता के विरुद्ध जो युद्ध छेड़ा था उससे उपेक्षित वर्ग ने स्वाभिमान और आत्मबल हासिल किया, जो मनुष्य की भूख मिटाने से भी महत्त्वपूर्ण माना जाता है। इस साहित्यान्दोलन ने स्त्री के व्यक्तित्व को निडरता और वैचारिकता की दीक्षा दी थी। वह अपने पति को वैचारिकता की दिशा में मार्गदर्शन करने का साहस कर सकती थी। शरण आयुदक्की मारय्या और उसकी पत्नी लक्कम्मा दोनों अपने सात्त्विक कायक के लिए शरण कुल में प्रसिद्ध थे। मारय्या बसवण्णा के महामने के आँगन में से चावल चुनकर लाते थे। इससे उनका पेट भरता था और जंगमों की सेवा भी इसी से हो जाती थी। मारय्या का कायक यही था। एक दिन जहाँ चावल अधिक पड़ा मिला और मारय्या के उस दिन अधिक चावल घर लाने से पत्नी लक्कम्मा पति को सचेत करती है और कहती है कि दुराशा तो राजा में होती है हममें नहीं। आवश्यकता से अधिक चावल लौटाने को कहती है। यह है स्त्री के व्यक्तित्व का विकास। लक्कम्मा का यह वचन स्पष्ट कर देता है कि आवश्यकता से अधिक संग्रह करने की प्रवृत्ति समाज के लिए घातक है :

आशा तो राजा में चाहिए
शिवभक्तों में क्यों?
इतने चावल की आशा आपमें क्यों?
ईश्वर मानेंगे नहीं, मारय्यप्रिय, अमरेश्वर लिंग से
आप दूर हैं हे मारय्या।

शिवशरणी अक्कमहादेवी तो सत्संग की चैतन्यशक्ति अनुभव मंटप की महान देन है। वह तो भाषा की मंत्रशक्ति का साक्षात्कार करनेवाली है। शरणों के सत्संग और मार्गदर्शन से गुरु-लिंग-जंगम द्वारा 'शिवयोग' की चरम सिद्धि की वह साधिका है। राजसत्ता-पुरुषसत्ता और दैव सत्ता के प्रतिनिधि राजा कौशिक को त्यागकर जड़ परम्पराओं का विरोध करके स्त्री में विद्रोह की चिंगारी जागृत रखते हुए अक्कमहादेवी अपने एक वचन में यह स्पष्ट कर देती है कि किस प्रकार शरणों के सत्संग से उसके तन-मन और प्राण शुद्ध बन जाते हैं और वह अपने इष्टदेव चन्नमल्लिकार्जुन के लिए योग्य बनती है :

हे जी, आप अनुभावियों के सत्संग से
मेरा तन शुद्ध हुआ,
हे जी, आप अनुभावियों के सत्संग से
मेरा मन शुद्ध हुआ,
हे जी, आप अनुभावियों के सत्संग से
मेरा प्राण शुद्ध हुआ,
हे जी, आप अनुभावियों ने मुझे
परीक्षा कर योग्य बनाया इसलिए,
हे चन्नमल्लिकार्जुन, मैं
आपसे स्वीकृत हुई हूँ।

—अक्कमहादेवी

पहले ही कहा जा चुका है कि शरणपूर्व काल में स्त्री भोग की वस्तु मात्र मानी जाती थी। विशेष कर मठ-मन्दिर भोग के केन्द्र बन चुके थे जिसमें स्त्री पर अत्याचार प्राय: हुआ करता था। स्त्री गौरव से नहीं बल्कि कामुक भावना से देखी जाती थी। काळामुख आदि शैव व्यसनी बन गए थे। दैवी-आचरण के बहाने देवदासियाँ विवाह की सुविधा से वंचित होकर उच्च वर्ग और वर्ण के पुरुषों की कामवासना का शिकार बनती थीं। हर वर्ग-वर्ण की स्त्री शोषित थी और व्यक्तित्व विकास की सुविधाओं से वंचित थी। भारतीय नारी की दुर्गति अवर्णनीय कही जा सकती है।

नारी की इस दुर्गति और उपेक्षा की शिवशरणों ने कड़ी आलोचना की है और ऐसे समाज का इन्होंने विरोध किया है। वह तो पुरुष की सहधर्मिणी होती है। पुरुष

के विकास में सहायक ही नहीं बल्कि प्रेरणा बन सकती है। अवकाश मिलने पर पुरुष के समान ही व्यक्तित्व के सर्वांगीण विकास की चरम सीमा पर पहुँच सकती है। बसवयुग की शिवशरणियाँ इस तथ्य का प्रमाण हैं। लगभग सभी शिवशरणियों ने अनुभव मंटप में भाग लेकर शरणों के साथ धार्मिक, सामाजिक और साहित्य का चिन्तन किया। अन्य शिवशरण कवि—बसव, अल्लम प्रभु, चन्न बसवण्णा और सिद्धराम के समान ही श्रेष्ठ वचनों की रचना की हैं। आत्मोन्नति के साथ-साथ समाजोन्नति के मार्ग में इनकी बड़ी देन रही है। पुरुषों के साथ साहित्य, समाज और धर्म में इन्होंने समानता से प्रभाग किया।

अल्लम प्रभु यह स्पष्ट करते हैं कि स्त्री साधना के मार्ग में माया नहीं है। मनुष्य का मानसिक विकार ही माया है।

कहते हैं :

कनक माया है, कनक माया नहीं,
नारी माया है, नारी माया नहीं,
मिट्टी माया है, मिट्टी माया नहीं,
मन की आशा ही माया है, हे गुहेश्वर!

सही मायने में पुरुष के कन्धे से कन्धा मिलाकर इस युग में स्त्री ने विकास किया है। अदूर दृष्टि से अन्धों की आग में जलती नारी ने पुकार-पुकार कर अपनी मुक्ति के लिए काव्य रचना की और इसमें अत्यन्त ही आत्मीयता से शरणों ने इनकी सहायता की। सामाजिक क्रान्ति का एक मार्ग इन शरणियों ने ढूँढ़ निकाला।

शरण और शरणियों ने पुरुष और स्त्रियों में योग्यता की दृष्टि से अन्तर को नकार दिया। शारीरिक रचना मात्र से वे दोनों भिन्न हैं न कि प्रतिभा और योग्यता में। शरण जेडर दासिमय्या कहते हैं कि थन-चोटी से स्त्री, स्त्री कहलाती है और मूँछ से पुरुष, पुरुष कहलाता है। लेकिन इनमें स्थित आत्मा न पुरुष है न स्त्री :

थन चोटी से स्त्री कहलाएगी,
मूँछ-दाढ़ी से पुरुष कहलाएगा।
दोनों में स्थित आत्मा न स्त्री है न पुरुष है हे रामनाथ!

ज्ञान प्राप्ति के लिए भी स्त्री-पुरुष में कोई अन्तर नहीं किया जा सकता। ज्ञान न स्त्री का है न पुरुष का। इसलिए शरणी गोग्गव्वे पूछती हैं :

थन चोटी से स्त्री कहलाएगी,
मूँछ और काछा से पुरुष कहलाएगा,
इन दोनों में स्थित ज्ञान स्त्री है या पुरुष, हे नास्तिनाथ?

अक्कमहादेवी अपनी साधना के लिए घर-बार, गाँव की उपेक्षा कर सारे सामाजिक बन्धनों को तोड़कर कल्याण आई थीं। उन्हें कई बाधाओं का सामना करना पड़ा। अक्कमहादेवी बाधाओं को चुनौती देती हैं कि कल का आज, आज का अभी आने दो :

कल जो आएगा, आज ही आने दो,
आज जो आएगा, अभी आने दो,
अब-तब मत कहो, हे चन्नमल्लिकार्जुन!

स्त्री के प्रति शिवशरणों के मन में असीम गौरव की भावना थी। स्वस्थ समाज के लिए स्त्री के प्रति गौरव की भावना अत्यन्त आवश्यक है। शरण श्री सिद्धराम कहते हैं कि स्त्री, स्त्री मात्र नहीं बल्कि वह साक्षात् मेरा आराध्य कपिलसिद्ध मल्लिकार्जुन ही है :

स्त्री, स्त्री मात्र नहीं,
स्त्री, राक्षसी नहीं,
स्त्री साक्षात् कपिलसिद्ध मल्लिकार्जुन है।

बसवेश्वर कहते हैं कि यहाँ-वहाँ विचरते हुए कहीं पर भी स्त्री को नहीं देखूँगा। उसे मैं साक्षात् पार्वती समझूँगा जो जीवन का श्रेष्ठ मूल्य है :

शपथ! आपकी शपथ, आपके शिवचरणों की शपथ,
जहाँ कहीं भी मन विचरण करेगा,
पर स्त्री को महादेवी कहूँगा हे कूडलसंगमदेव।

परधन और परस्त्री को शरणों ने कभी स्वीकार नहीं किया। परस्त्री और परधन पर जो दृष्टि डालता है वह भगवान को भी सन्तुष्ट नहीं कर सकता। बसवण्णा का निम्न वचन देखिए :

नीयत होनी चाहिए शरण की, परधन न चाहने की,
नीयत होनी चाहिए शरण की, परसति न चाहने की,
नीयत न रहनेवालों को अपनाते नहीं कूडलसंगमदेव।

शिवशरणी सत्यक्का तो कहती हैं कि परधन, परस्त्री और परदेव त्यागने से बढ़कर कोई पूजा-पाठ, मंत्र-तंत्र, धूप-दीपारती नहीं है। समाज इनके लिए श्रेष्ठ है, व्यक्तिगत आध्यात्मिक साधना नहीं। सत्यक्का का यह वचन देखिए :

अर्चन और पूजा व्रत नहीं,
मंत्र और तंत्र व्रत नहीं,

धूप, दीप और आरती व्रत नहीं,
परधन, परस्त्री, परदैव को नहीं चाहना ही व्रत है,
शंबुजकेश्वर में इन्हें दर्शन कराना ही व्रत है।

शरण-शरणियों के काव्य से यह स्पष्ट हो जाता है कि इन्होंने नारी विमोचन, उसके सर्वांगीण विकास, और समाज में मुक्त वातावरण के निर्माण के लिए प्रयास किया। शायद भारत में बारहवीं शताब्दी में पहली बार नारी को अभिव्यक्ति स्वातंत्र्य मिला। इस अभिव्यक्ति स्वातंत्र्य ने स्त्री में सांस्कृतिक विवेक और प्रश्न करने की शक्ति दी, जो नारीवाद की सफलता की पृष्ठभूमि बनी। शिवशरणी गोग्गव्वे का एक वचन देखा जा सकता है :

पुरुष यदि स्त्री से प्रेम करके
उसे अपनाता है तो वह
पुरुष का आभूषण मानी जाती है,
स्त्री यदि पुरुष से प्रेम करके
उसे अपनाती है तो इसे क्या कहा जाता है?
इस द्वि-विधा के द्वन्द्व से मुक्त होकर
समभाव से रहना ही सुख है
हे नास्तिनाथ! यही परिपूर्णता है।

नारीवाद की दृष्टि से इस वचन का एक सुन्दर और अर्थपूर्ण स्त्री-विमर्श हो सकता है। पुरुषप्रधान समाज की पुरुषसत्ता से यहाँ स्त्री प्रश्न कर रही है और अपनी अस्मिता की स्थापना के लिए चुनौती दे रही है। कहती है, यदि कोई पुरुष स्त्री से प्रेम करके विवाह करता है तो वह स्त्री पुरुष के लिए एक आभूषण मात्र बनकर रहती है। उसका अपना कोई स्वतंत्र व्यक्तित्व नहीं होता। वह हँसती, बोलती, उठती-बैठती भी है तो उस परदैव पति की आज्ञा और इच्छा के अनुसार ही। वह पति परमेश्वर के नाम के साथ मात्र पहचानी जाती है। स्त्री को लेकर यही इस समाज की स्वीकृत परम्परा है। पर शिवशरणी गोग्गव्वे का प्रश्न है कि यदि स्त्री पुरुष से प्रेम करती है और उस पुरुष से प्रेम-विवाह करती है तो उसे आप क्या कहेंगे? क्या वह पुरुष भी स्त्री के लिए एक आभूषण बनेगा?

यहाँ नारी की अस्मिता को सुरक्षित रखने के लिए शरणी गोग्गव्वे के विचार तीन-चार आयामों में काम कर रहे हैं :

(1) नारी को पुरुष के लिए आभूषण मात्र मानने की कैसी बात?
(2) स्त्री भी प्रेम कर सकती है।
(3) पति के चयन का उसे अधिकार है।

(4) पुरुष की श्रेष्ठता का विचार अर्थहीन है इसलिए स्त्री-पुरुषों के बीच भेद-भाव नहीं होना चाहिए।

इस जीवन में दोनों का अस्तित्व समान है। लिंग असमानता की भावना से मुक्त होकर समभाव से रहना ही सुख का समृद्ध मार्ग है एवं यही परिपूर्णता का मार्ग है।

आज स्त्रीवाद भी यही मानकर चल रहा है कि स्त्री-पुरुष भेद को दूर कर समभाव से रहना यही स्वस्थ समाज का द्योतक है। नारीमुक्ति के आन्दोलन में पुरुष का सहचिन्तन परमावश्यक है, स्त्री के साथ पुरुष की सह-यात्रा परमावश्यक है। इसलिए बारहवीं सदी का कन्नड़ वचन साहित्य स्त्री मुक्ति के लिए उत्साह का काल था।

स्त्रीवाद नारीमुक्ति का ही भाव नहीं बल्कि शोषित पुरुषवर्ग की मुक्ति भी चाहता है। शोषित समाज का उसकी ही भावना से मुक्ति चाहता है। स्त्री-पुरुष दोनों में स्वाभिमान और स्वावलम्बन की मानसिकता स्त्रीवाद प्रस्तुत करता है। एक-दूसरे के प्रति आदर का भाव भी स्त्रीवाद की बहुत बड़ी देन है। स्त्री तो पुरुष के प्रति आदर भाव रखती ही थी। पर शरण साहित्य के सन्दर्भ में शिवशरणों ने सदैव स्त्री व्यक्तित्व का आदर किया है। सिद्धराम शरण ने कहा है कि :

स्त्री, स्त्री मात्र नहीं है, वह राक्षसी नहीं है,
स्त्री साक्षात् कपिलसिद्ध मल्लिनाथ है।

बसवेश्वर अल्लम प्रभु, सिद्धरामेश्वर जैसे सभी शरणों ने स्त्री की महानता का इस प्रकार आदर करते हुए सामाजिक, सांस्कृतिक और धार्मिक आयामों में स्त्री व्यक्तित्व की जबरदस्त स्थापना की है।

स्त्री चिन्तन सम्बन्धी लेखन कार्य में महिलाएँ कई आयामों से लिख रही हैं। कन्नड़ साहित्य सन्दर्भ में आज लेखिकाएँ तीन क्षेत्रों में लिख रही हैं :

(1) परम्परावादी सामाजिक, धार्मिक और सांस्कृतिक व्यवस्था को स्वीकार करते हुए यजमान-संस्कृति का गुणगान, धर्म-कर्म और अन्धविश्वास की प्रशंसा करते हुए वास्तविकता-वैचारिकता और कलात्मकता की उपेक्षा करते हुए भ्रमात्मक लोक का निर्माण करनेवाली लेखिकाएँ।

(2) हर स्त्री समस्या के लिए पुरुष वर्ग को दोष देते हुए, समाज की मूल समस्याएँ जैसे गरीबी, बेरोजगारी, जातिव्यवस्था और असमानताओं की ओर ध्यान नहीं देते हुए स्वच्छंद लेखन।

(3) इन दो मार्गों से हटकर ऐतिहासिकता की पृष्ठभूमि में साहित्य-संस्कृति एवं जीवन का विवेचन करते हुए, स्त्री शोषण के इतिहास पर प्रश्न करते हुए, सम-संस्कृति की स्थापना के लिए जागरूक लेखनीवाली लेखिकाएँ।

आज कन्नड़ में अन्तिम प्रकार की लेखिकाओं की पीढ़ी समृद्ध है। आश्चर्य यह होता है कि आज तक लगभग आठ सौ वर्ष पूर्व वचन साहित्य के युग की स्त्रियों ने भी इसी आयाम के काव्य की रचना की है। स्त्री-पुरुष असमानताओं की जड़ परम्परा पर उन्होंने प्रश्न किए हैं :

मिलन के सन्दर्भ में पति-पत्नी,
का अस्तित्व भिन्न हो सकता है,
ज्ञान के सन्दर्भ में भिन्नता कैसी?

—आय्दक्की लक्कम्मा

स्त्री को त्यागकर लिंगाराधना
की बात की जाती है
स्त्री और इष्टलिंग में क्या विरोध है?

—गजेश मसणय्या की पुण्य स्त्री

वास्तविकता और वैचारिकता के स्तर पर स्त्री-पुरुषों की मानव शक्ति की समानता की बात इन कवियों ने की है :

थन चोटी से स्त्री कहलाएगी,
मूँछ और काछ से पुरुष कहलाएगा,
दोनों में स्थित ज्ञान न स्त्री है न पुरुष,
हे नास्तिनाथ!

—गोग्गव्वे

इस साहित्यिक आन्दोलन ने स्त्री में स्वाभिमान, स्वावलम्बन और निडरता का स्वभाव भर दिया था, जो स्त्रीवाद का मूल मंत्र है। अक्कमहादेवी लोकनिन्दा और संघर्षों से नहीं डरती थीं। उसमें स्त्री चिन्तन ने यहाँ तक साहस भर दिया था कि वह कहती हैं :

कल जो आनेवाला होगा, आज आने दो,
आज जो आनेवाला होगा, अब आने दो,
अब-तब न कहो हे चन्नमल्लिकार्जुन!

वे अध्यात्म के चिन्तन में भी बड़ी गहराई से डूब जाती हैं। शिवशरणों के साथ समान रूप से 'शिवयोग चिन्तन' में भाग लेती और लिखती हैं।

आज स्त्रीवाद की स्वस्थ अभिलाषा भी यही है कि स्त्री को इस समाज में व्यक्तित्व विकास के समान अवसर मिलें। उसमें स्वाभिमान एवं स्वावलम्बन हो एवं देश के सामाजिक, सांस्कृतिक, राजकीय-वित्तीय विकास में उसकी सक्रिय

भागीदारी हो। इस लक्ष्य को हासिल करने के लिए चिन्तनशील और संघर्षशील स्त्रीवर्ग को विचारवान पुरुषवर्ग के सहयोग से जंग जारी रखना आवश्यक है। जग को अर्थपूर्ण और सक्रिय करने हेतु जहाँ कहीं भी प्रेरणा के प्रकाश-कण हों उसे सहज ही स्वीकार करना सही निर्णय है। विशेषत: जब भारतीय साहित्य-सांस्कृतिक इतिहास में ऐसे सन्दर्भ हैं तो उसे प्रेरणा के रूप में स्वीकार कर लेना चिन्तन के लिए प्रेरणा की असीम धाराएँ हैं।

जब सारा यूरोप सोया हुआ था, अमेरिका में सोलहवीं सदी में अभी गुलामी पद्धति जारी थी, हिन्दी साहित्य के भक्तिकाल में कबीर आदि संत जातिव्यवस्था और अस्पृश्यता का विरोध कर रहे थे, पर उन्होंने भी स्त्री को साधना के मार्ग में बाधक समझा था, वह भी चौदहवीं सदी में। तो वहीं बारहवीं सदी में कन्नड़ में महिलाएँ, विशेषत: श्रमिकवर्ग की महिलाएँ अधिक संख्या में काव्य लिख रही थीं। काव्य का उद्देश्य था सामाजिक हित और स्वस्थ समाज की स्थापना की परिकल्पना। शिवशरणियों के काव्य का आदर्श समाज था, सब प्रकार की समानताओं का समाज, शोषण रहित समाज, स्त्री वर्ग के स्वाभिमान का समाज। वेश्या वर्ग की स्त्री यहाँ काव्य की रचना करती थी, पुरुषवर्ग से प्रश्न करती, साथ-साथ चिन्तनशील पुरुष वर्ग का आदर भी करती थी।

अब मेरे सामने प्रमाण हैं कि हिन्दी में लिखा साहित्य ही भारतीय साहित्य नहीं है। हर भारतीय भाषाओं में लिखा साहित्य भारतीय साहित्य है। हाँ, हिन्दी में आज वह उपलब्ध है तो अधिक पाठकों तक, विशेषत: सभी भारतीय भाषाओं के सन्दर्भ में पढ़ रहे पाठकों तक भी पहुँच पाता है वहाँ के गिने-चुने हिन्दी पाठकों द्वारा।

इसलिए वचन साहित्य की शिवशरणियों की रचना हिन्दी द्वारा भारतीय स्त्री चिन्तन साहित्य का मुख्य पाठ्य हो। जनभाषा कन्नड़ में वचन साहित्य रचा गया। एक भाषा के विकास की चरम सीमा जिसे हम कह सकते हैं, वह यहाँ सम्भव हुआ था। एक वचनकार लिखते हैं, 'करोड़ों वचन लिखकर थक गया जी!' भले ही करोड़ों की संख्या में नहीं पर लाखों की संख्या में वचनों की रचना यहाँ हुई थी। अध्यात्म की सूक्ष्मातिसूक्ष्म और समाजमुखी सहज-सरल विचारों की अभिव्यक्ति की शक्ति इस भाषा को प्राप्त हुई थी। विशेषता यह है कि स्त्रीवर्ग भी समान रूप से इसके लिए कारण था।

जीवन परिचय : चन्नबसवण्णा

गेरुए रंग के कपड़े पहन
जटा माला धारण कर
लम्बे बाल बढ़ाने से
क्या वे जंगम हो सकेंगे?
साकार में उनकी सहमति नहीं है,
निराकार में नित्यता नहीं है
जूड़ा-जटाधारी, गंजा कहते
रहना व्यर्थ ही है,
जो ज्ञानी है वही जंगम है—
ऐसा कहना मानना चाहिए।
जहाँ ज्ञान नहीं वहाँ
केवल वेश-भूषा आडम्बर है, देखो,
हे, कूडलचन्नसंगमदेव!

यह वचन बारहवीं सदी में कन्नड़ साहित्य के स्वर्णयुग वचन साहित्य के सैकड़ों वचनकार शिवशरणों में ज्ञानी युवा शरण चन्नबसवण्णा का है। अनुभव मंटप के शरण संकुल में सबसे युवा और सबसे समादृत शरण चन्नबसवण्णा ज्ञान के शिखर माने जाते थे। दार्शनिकता के मार्ग में समय-समय पर सबको मार्गदर्शन भी करते थे। महिलाओं में अक्कमहादेवी और पुरुषों में चन्नबसवण्णा बहुत ही कम उम्र के थे, पर ज्ञान और चर्चा-परिचर्चाओं में प्रतिभावान थे। यही इस वचन साहित्यान्दोलन की बड़ी देन मानी जा सकती है।

इस वचन में हम देख सकते हैं कि वेश-भूषा जटा धारण, गेरुवा रंग के कपड़े जपमाला आदि सब दिखावा मात्र है, आडम्बर मात्र है। जो साकार निराकार की तात्त्विकता और उसकी सीमाएँ जानता हो, अर्थात् जो सच्चा ज्ञानी है वही 'शरण' कहलाता है। 'जंगम' कहलाता है। ज्ञान और सत्यवाद का महत्त्व

तो सार्वकालिक जीवनमूल्य है। इसी की अभिव्यक्ति चन्नबसवण्णा इस वचन में कर रहे हैं।

चन्नबसवण्णा के व्यक्तित्व, विचारधारा, तात्त्विकता उनके वचन साहित्य की महत्ता को जानने-पहचानने के लिए यह एक संक्षिप्त प्रवेशिका है।

जीवनी

जैसा ऊपर कहा जा चुका है कि चन्नबसवण्णा 12वीं सदी के शरण समूह के एक प्रमुख शरण थे। उनका जन्म लगभग 1140 ई. में हुआ था। उनके माता-पिता का नाम अक्कनागम्मा और शिवदेव था। अक्कनागम्मा नागलांबिका भी कहलाती है। चन्नबसवण्णा की माता अक्कनागम्मा के बड़े भाई का नाम बसवण्णा है जो वचन साहित्यान्दोलन के शीर्षस्थ शरण थे और शरण संकुल के सदैव मार्गदर्शक थे।

बसवण्णा का गाँव बागेवाड़ी था जो आज बागलकोट जिला (कर्नाटक) के अन्तर्गत आता है। चन्नबसवण्णा के नाना-नानी का नाम था—मादलांबिका और मादरस। मादरस गाँव के धर्माधिकारी थे। चन्नबसवण्णा की नानी के भाई नीलकंठ राय का पुत्र ही शिवदेव था जिनके साथ अक्कनागम्मा का विवाह हुआ था। शिवदेव शिवराय के नाम से भी जाने जाते थे। मादलांबिके ने अपने भाई के बेटे शिवदेव के साथ बेटी अक्कनागम्मा का विवाह करवाया था। अक्कनागम्मा जब भैया बसवण्णा के साथ कूडलसंगम में पति शिवदेव के साथ रहने लगी थी, उसी समय चन्नबसवण्णा का जन्म हुआ था। बसवण्णा को बहुत खुशी हुई। शिशु चन्नबसवण्णा तो सूर्य समान प्रकाशमान और सुन्दर था। देखकर बसव तो हर्षोद्गार करते हैं कि 'आज जन्मा बालक आज ही जवान लग रहा है'। ज्ञान के चित्सूर्य समान बालक की कान्ति से सबको बड़ा आनन्द हुआ। बालक जब माँ के पेट में था, उसी समय बसव से उनका लिंगायत संस्कार हुआ था। चन्नबसवण्णा ने अपने एक वचन में इसका प्रस्तुतीकरण किया है—

...शिशु के रूप में जब माँ के पेट में था विभूति धारण कर, हस्त-मस्तक संयोग कर मेरी रक्षा किसने की? आप ही ने तो? कूडलचन्नसंगमदेव को प्रमाण रखकर कहता हूँ कि मैं आपका कारुण्य शिशु हूँ, यह तो त्रिलोक जानता है देखिए जी, हे संगनबसवण्णा।

इसी विचार विषय को लेकर चन्नबसवण्णा अत्यंत ही काव्यात्मक शैली में स्पष्ट करते हैं कि 'बसवण्णा ही धनुष बनकर, उनकी नव भक्ति तीर बनकर,

जब बसव निशाने लगाकर माँ के पेट की ओर प्रयोग करते हैं तो गर्भ का शिशु तीर पकड़ लेता है, 'कारण उसी क्षण में बालक को ज्ञानोदय होता है।'

ज्ञान की निधि

गर्भावस्था की स्थिति में लिंगायत संस्कार मिलने की वजह से प्राय: लिंगायत तात्त्विकता के तत्त्व अष्टावरण, पंचाचार एवं षट्स्थल के महाज्ञानी बने थे चन्नबसवण्णा। इसीलिए चन्नबसवण्णा को 'षट्स्थल ज्ञानी' भी कहा जाता है।

बाल्यकाल से ही चन्नबसवण्णा का ज्ञानी होने और स्वयं बसवण्णा चन्नबसवण्णा को ही अपना दीक्षा गुरु समझने का विचार बड़ा रोचक लगता है। बसवण्णा चन्नबसवण्णा के लिए माँ के भैया मात्र नहीं बल्कि गुरु भी थे। लिंगदीक्षा भी बसवण्णा से ही मिली थी। एक बार जब लिंग दीक्षा देने के लिए चन्नबसवण्णा बसव से प्रार्थना करते हैं तो बसव ने कहा था कि तुम तो जन्म से ही ज्ञानी हो और तुमको मैं लिंगदीक्षा नहीं दे सकता। चन्नबसव अपने हाथ में जो लिंग था उसे बसवण्णा को देते हुए लिंगदीक्षा देने की जिद करते हैं। तो बसवण्णा कहते हैं कि तुमने अब मुझे लिंग दिया है, इसलिए इसका अर्थ हुआ कि तुमने मुझे लिंग दर्शन दिया है और तुम मेरे लिए दीक्षा गुरु हो। बसव चन्नबसव को ही अपना दीक्षागुरु समझते हैं।

महाज्ञानी भक्ति भंडारी बसवण्णा, सिद्ध साधकी माँ अक्कनागम्मा, चारों ओर ग्रंथ भंडार, सदैव चिन्तन-मंथन में व्यस्त शरणसंकुल के बीच चन्नबसवण्णा का व्यक्तित्व प्रतिभा के बहुत्व से भर गया। बसव की विचारधारा, विचार-आचार की समन्वयता, प्रज्ञापूर्ण मुग्धता का पूरा-पूरा प्रभाव चन्नबसवण्णा के व्यक्तित्व पर पड़ा है। किसी विचार की तात्त्विकता में गहराई तक पहुँचने की आदत सी थी चन्नबसवण्णा में। जनवादी सहज स्वभाव से ही बसवण्णा शरणान्दोलन के नेता बन गए थे। बसवण्णा का यह वचन देखें—

मुझसे कोई छोटा नहीं
शिवभक्तों से कोई बड़ा नहीं
आपके चरण साक्षी हैं
मेरा मन साक्षी है
हे कूडलसंगमदेव!
मेरे लिए यही अग्निपरीक्षा है।

इससे बसवेश्वर के व्यक्तित्व की महानता का परिचय होता है। इस विनय-प्रतिभा-साधना की सदा सामीप्य ने चन्नबसवण्णा के महान व्यक्तित्व का निर्माण किया है।

जैसा कि अल्लम प्रभु को सबने सहस्त्रमान की प्रतिभा के रूप में स्वीकार किया है, तो अल्लम प्रभु ने चन्नबसवण्णा के ज्ञानी व्यक्तित्व के प्रति जो कहा है वह प्रशंसनीय है और प्रामाणिक है। देखते हैं—

छोटा होने से क्या हुआ? या बड़ा होने से?
ज्ञान के लिए क्या छोटे-बड़े में अन्तर है?
आदि-अनादि से पूर्व, अंडांड
ब्रह्मांड कोटि के उत्पन्न होने से पूर्व
गुहेश्वर लिंग में तुम ही अकेले एक महाज्ञानी
दिखाई पड़े, देखो जी, हे चन्नबसवण्णा!

समकालीन लगभग सब शरणों ने चन्नबसवण्णा को ज्ञान की निधि के रूप में ही स्वीकार किया है। अल्लम प्रभु की तरह अधिकाधिक शरण-शरणियों के वचनों में चन्नबसवण्णा की ज्ञान श्रेष्ठता का वर्णन मिलता है। चन्नबसवण्णा ने भी सबको, जब कभी शंकाएँ उठती थीं, तात्त्विक मार्गदर्शन किया है। अन्य शरणों की साधना की श्रेष्ठता का वर्णन भी चन्नबसवण्णा ने किया है। एक दूसरों की साधना की प्रशंसा एवं विमर्श ने ही इतने विस्तार से वचन साहित्य की सृजनशीलता का लोक खड़ा कर दिया है।

चन्नबसवण्णा की तरह अक्कमहादेवी भी उम्र से छोटी थी, पर साधना और वचन रचना में श्रेष्ठ थी। वचन साहित्य सन्दर्भ ने छोटे-बड़े, स्त्री-पुरुष, उच्च जाति-निम्न जाति आदि की सीमाओं को पार कर वचन साहित्य को विशालता, गहरा और बहुत्व का गुण प्रदान किया है।

चन्नबसवण्णा लिखते हैं कि उम्र ज्यादा होने से, बाल सफेद होने से, कमर हिलने की स्थिति के वयोवृद्ध क्या बुजुर्ग कहलाएँगे? ज्ञान के साधक मात्र बुजुर्ग कहलाएँगे। परतत्त्व में एकाकार होने की शक्ति रखनेवाली अक्कमहादेवी मात्र ज्ञान बुजुर्ग कहलाती है। वचन देखिए—

अजकोटी कल्पवर्ष के सब बुजुर्ग हैं क्या?
बाँबी और बास में तपस्या करनेवाले सब बुजुर्ग हैं क्या?
कमर टूटकर पीठ झुककर सिर हिलाते सफेद बालोंवाले,
बुद्धिभ्रमण से एक कहने जाकर नौ कहनेवाले
अज्ञानी सब बुजुर्ग हैं क्या?
सत्य को पहचान कर, महत् में समाकर
ऊँच-नीच का भेद मिटाकर
कूडलचन्नसंगय्या में एक होकर

भेद मिटाने का बुजुर्गपन पाने का गौरव
हमारी महादेवी अक्का को प्राप्त हुआ है।

अज्ञानरूपी कालिख को दूर कर ज्ञान के प्रकाश में मन को प्रकाशित करनेवाले बसवण्णा की महानता को स्मरण करते हैं। चन्नबसवण्णा इस वचन में—

अज्ञानरूपी कालिख लगे
मन का मोह त्यागने की रीत देखिए।
कभी गरमा कर, कभी गला कर
कभी रंग लगा कर कभी मेरे मन के मोह को
दूर किया कूडलचन्नसंगय्या
आपके महा शरण बसवण्णा ने।

पत्थर के मन्दिरों में स्थापित देवी-देवताओं की आडम्बर पूजा को नकारते हुए, पत्थर की जड़ता को दूर कर भक्ति में चैतन्य लाने के लिए, पूजारी जैसे भक्त-भगवान के बीच की मध्यस्थता को दूर कर, मन की चेतना को जागृत व्यक्ति का संवाद उसके अन्तरंग चेतना के साध्य हो। इसे अर्थपूर्ण करने के लिए इष्टलिंग की परिकल्पना लिंगायत तात्त्विकता में है। इष्टलिंग विश्व की चेतना की आराधना है, भक्त के अन्तरंग की भक्ति से इष्टलिंग प्राणलिंग भी होता है, भाव लिंग भी होता है, भक्त स्वयं लिंगांगी बनता है। अर्थात् यहाँ इष्टलिंग की आराधना द्वारा भक्त अपने प्राण, अपने भाव के साथ भी संवाद करता है। ध्यानस्थ स्थिति को प्राप्त कर अन्तरंग के आनन्द का अनुभव करता है, जो अनुभाव भी है। इष्टलिंग की ओर दृष्टि एकत्रित करके भक्त ध्यानस्थ मन का आनन्द लूटता है। यहाँ मन्दिर नहीं, पुजारी नहीं, धूप दीप का दिखावा नहीं है। यही शरण धर्म है, यही लिंगायत धर्म है, जहाँ व्यक्ति प्रधान है, उसका मन प्रधान है, मन का मैल दूर कर मन को पवित्र करना प्रधान है, मन द्वारा मन के अन्तरंग में प्रवेश करना प्रधान है, मन को मुक्त कर जातिवाद से दूर, स्त्री-पुरुष भेदभाव के अहं से दूर, आकाश जैसे मन को आकाश जैसे रहने देना प्रधान है। इस प्रकार की शरण तात्त्विकता से भरपूर ज्ञान की निधि थे चन्नबसवण्णा। आश्चर्य नहीं होना चाहिए कि जहाँ पूर्णरूपेण शरण तात्त्विकता का परिसर, विशाल परिशुद्ध प्रकृति की सुन्दरता, शरणधर्मी देश के कोने-कोने से आए विविध जाति-वर्ग-स्तर को पार कर मन की भावनाओं को मात्र समझने वाले शरण संकुल के बीच में चन्नबसवण्णा की जीवन यात्रा चल रही है। लिंगांग सामरस्य, स्थावरलिंग (मन्दिर में स्थापित शिवलिंग) का निराकरण, वचन की सृजनशीलता की प्रतिभा का परिचय इनके वचनों के अध्ययन से पाठकों को पाठ मिलता है।

कुछेक वचनों की ओर देखने का प्रयास करते हैं। एक वचन में शील (चारित्र्य Character) की वास्तविक जिज्ञासा इस प्रकार करते हैं—

शील शील कहते हैं गर्व से
परन्तु शील क्या है, नहीं जानते वे।
जो है उसमें धोखा दिए बिना रहना ही शील है।
जो नहीं है उसके लिए कर्ज न माँगना ही शील है
परधन, परस्त्री के मोह में न पड़ना ही शील है।
अन्य देव, पर धर्म की ओर न आकर्षित होना ही शील है।
गुरु निन्दा, शिवनिन्दा, जंगमनिन्दा आदि न सुनना ही शील है।
कूडलचन्नसंग के शरणों के आगमन से खुश होना ही शुद्धशील है जी।

इसमें शील की समाजमुखी परिभाषा का चिन्तन है, तो और एक वचन में देखते हैं कि शारीरिक परिश्रम किए बिना, अन्याय के मार्ग से अर्जन कर दासोह करके अपने आपको श्रेष्ठ भक्त और श्रेष्ठ दासोही कहलाने के अहं को चूर करते हैं चन्नबसवण्णा—

तन मन न थकाए उद्दंडता से धनार्जन कर
गुरु लिंग जंगम के लिए उससे खर्च करके
दासोह कर, 'हम भक्त बन गए।'
कहनेवालों का मुँह मुझे मत दिखाओ।
क्योंकि : वह परधन चोर है, पापी है
ऐसे को उपदेश देकर गुरु रौरव नरक जाएँगे।
उसका कायक क्या है? यह न जानते हुए
उसके घर जाकर लिंगार्चन करनेवाले जंगम को
सातवाँ पाप लगेगा। ऐसे लोगों का
जीवन बाघ गाय को खाकर बचे को
सियार खाने के समान है
हे कूडलचन्नसंगम देव!

उपरोक्त वचनों में लिंगांग सामरस्य की तात्त्विकता के लिए समाजमुखी चिन्तन की आवश्यकता दर्शनीय है तो निम्नांकित वचनों में गुरु, लिंग, जंगम, प्रसाद से तन, मन, धन, प्राण की शुद्धि की चर्चा करते हैं चन्नबसव—

तन शुद्ध हुआ गुरु से
मन शुद्ध हुआ लिंग से

धन शुद्ध हुआ जंगम से
प्राण शुद्ध हुआ प्रसाद से
इस प्रकार चतुर्विध से मेरा सर्वांग शुद्ध हुआ है।
हे कूडलचन्नसंगमदेव!

गुरु, लिंग, जंगम आदि की तात्त्विक परिकल्पनाएँ शिवशरणों की अपनी चिन्तन निधि है। चन्नबसवण्णा का एक वचन स्पष्ट कर रहा है कि ज्ञान की सार्थकता उसकी क्रिया में है। ज्ञान और क्रिया दोनों की समान आवश्यकता प्राण के लिए देह, अपना प्रतिरूप देखने के लिए दर्पण की आवश्यकता की तरह ही है। लिंगांग साधना का अस्तित्व साकार-निराकार दोनों की स्थिति में है। साकार से ही निराकार की स्थापना मन में सम्भव है—

अन्तरंग में ज्ञानोदय हो तो क्या?
बहिरंग में क्रिया के न रहने से?
देह न हो तो प्राण के लिए आश्रय कहाँ?
दर्पण न हो तो अपना मुखदर्शन कहाँ?
साकार निराकार एकोदेव,
हमारा कूडलचन्नसंगय्या!

ज्ञान की प्राप्ति चिन्तन-मंथन से सम्भव है। अनुभाव की प्राप्ति भक्ति साधना से सम्भव है। अनुभाव तो अन्तरंग के साथ संवाद करना है, वह मौन संवाद मन के साथ है। वह यहाँ-वहाँ बाजार में दर्शनीय नहीं है। कई लोग तो अनुभाव-अनुभाव करके सबके सामने बड़बड़ाते हैं, बाजार की वस्तु बनाते हैं, दिखावे का नाटक करते हैं। पर चन्नबसवण्णा का कहना है कि वह तो धरती में छिपे धन के सामन है, अन्तरंग की पवित्रता है, शिशु का देखा सपने के समान है। बुद्धिहीन लोग इसे बाजारी बात बना देते हैं। चन्नबसवण्णा को यह स्वीकार नहीं है। यह वचन इसे विस्तार से समझाने का प्रयास कर रहा है—

अनुभाव अनुभाव कहकर बड़बड़ाते हैं
अनुभाव तो धरती में छिपे धन के समान है
अनुभाव तो अन्तरंग की पवित्रता है
क्या अनुभाव रास्ते की बात है?
क्या अनुभाव बाजार की खबर है?
क्या अनुभाव गली की बात है?
उस महाधन का कैसे वर्णन करें?
हाथी माप में छिपे कैसे? छिपेगा तो दर्पण में।

जहाँ देखो वहाँ गोष्ठी, जहाँ भी खड़े हो अनुभाव
जहाँ भी आए मेल सम्बन्ध रचनेवाले—
बुद्धिहीन नीच लोगों को
अपनाते नहीं कूडलचन्नसंगमदेव!

इस प्रकार ज्ञान निधि चन्नबसवण्णा कल्याण के अनुभव मंटप की अध्यात्मिक और समाजमुखी चिन्तनों में उत्साह से भागीदारी करते हुए, समय-समय पर समस्याओं को हल करते हुए मार्गदर्शन देते हुए सबके साथ व्यष्टि-समष्टि व्यक्तित्व का परिचय देते थे। इससे चन्नबसवेश्वर के व्यक्तित्व में विचार प्रकाश का दर्शन होता है।

देश के कोने-कोने से कल्याण के अनुभव मंटप में भागीदारी के लिए आनेवाले भक्तों का आदर-सत्कार भी चन्नबसवण्णा करते थे। बसव के घर में बसवेश्वर से अधिक चन्नबसवण्णा का ही रहना होता था। इसलिए आनेवाले भक्तों की समस्या, मानसिकता का व्यावहारिक परिचय भी चन्नबसवण्णा को होता था। बसवण्णा मुग्थ थे और ऐसे विचारों की ओर कम ध्यान देते थे। कारण बसव की अनेकानेक समस्याओं का समाधान चन्नबसवण्णा से ही होता था। चन्नबसवण्णा के विचार और व्यावहारिक ज्ञान पर बसवण्णा को पूरा विश्वास था, इसलिए निश्चिन्तता से समाज कार्यों में, अनुभव मंटप के उत्तरदायित्व में पूर्ण रूप से व्यस्त रहते थे, और समय-समय पर चन्नबसवण्णा से मार्गदर्शन भी लेते थे। दीदी अक्कनागम्मा कहा करती थी कि 'देखो बसव चन्नबसव अभी छोटा है, इतने उत्तरदायित्व उस पर न डाला करो। कोई गलती कर बैठेगा।' बसवेश्वर मुस्कुराते हुए कहते हैं—

कूडलसंगमदेवय्या,
युग युगांत को पार करनेवाले शरण को
छोटा कह सकते हैं क्या चन्नबसवण्णा को?

फिर माँ अक्कनागम्मा पुत्र चन्नबसव को समझाती है, 'देखो चन्नबसव, तुम्हारा कर्तव्य होता है कि बसवेश्वर के विश्वास को कभी कलंक लगने नहीं देना। आचार और विचारों में जागृत रहो और प्रामाणिक रहो।'

चन्नबसव— 'माँ क्या कह रही हो? मामाश्री तो जंगम द्वारा लिंग का दर्शन करनेवाले हैं। उनको मेरी सहायता की आवश्यकता कहाँ है?

बसवण्णा— 'देखो मैंने कहा था न, चन्नबसवण्णा छोटे नहीं हैं।' इससे चन्नबसवण्णा का बुजुर्गपन दर्शनीय है और बसवेश्वर की महानता का परिचय भी।

समस्या को सरल...

अल्लम प्रभु सिद्धरामेश्वर के साथ बसवेश्वर के घर के सामने हैं और सत्कार स्वागत के लिए देरी होती है। हड़पद अप्पण्णा इनको लेने, स्वागत करने आते हैं। अल्लम रूठ जाते हैं क्योंकि बसवेश्वर बाहर द्वार पर नहीं आए। चन्नबसवण्णा बसवेश्वर से कहते हैं, ''अल्लम और सिद्धराम द्वार पर खड़े हैं जो महान शरण हैं। चलिए क्षमा माँग कर उनका स्वागत कीजिए। आँखें न सही हृदय से तो आपको पता चलना चाहिए था कि महान शरण आए हैं।''

अल्लम तो बसव पर रूठे हुए हैं। प्रसंग को देखकर चन्नबसवण्णा अल्लम प्रभु से विनती करते हैं—

आप जानते ही हैं कि संगनबसवण्णा और आप में कोई भिन्न भाव नहीं है, फिर बसव के प्रति रूठना ठीक है क्या? कूडलचन्नसंग का शरण बसवण्णा ही आपका प्राण है यह सत्य है, फिर आप किस पर रूठिएगा? कृपा कीजिए चलिए प्रभु!

चन्नबसवण्णा की लोकानुभव और ज्ञानानुभव की वाणी ने अल्लम को सहृदयी कर दिया। रूठा अल्लम का हृदय मुस्कुराने लगा। परोक्ष रूप से यहाँ अल्लम को चन्नबसवण्णा समझा रहे हैं लगता है।

- अल्लम प्रभु सिद्धरामेश्वर को सोन्नलिगे से कल्याण अनुभव मंटप को ले आते हैं और लिंगदीक्षा करवाना चाहते हैं। चर्चा चलती है कि लिंगदीक्षा की आवश्यकता है? या नहीं है? सब शरणों का कहना है कि अंग पर लिंग की आवश्यकता है। चन्नबसवण्णा सिद्धराम से कहते हैं, ''भले ही आपने योगसाधना से व्योमत्व प्राप्त किया है। पर भक्त को साधना के स्तर पर लिंग की आवश्यकता होती है। पतंग भले ही आकाश में उड़ रही है पर उसे वहाँ स्थिर होने के लिए सूत्र की आवश्यकता है। इसी तरह साधना के लिए अंग को लिंग का सम्बन्ध चाहिए ही चाहिए।''
- सिद्धराम इसे स्वीकार करते हैं और कहते हैं कि 'मुझे बसवेश्वर और चन्नबसवेश्वर से इष्टलिंग दीक्षा करवाइए। अल्लम प्रभु यह जिम्मेदारी भी चन्नबसव को देते हैं। चन्नबसवेश्वर से सिद्धराम की लिंग दीक्षा होती है। इस दिशा में चन्नबसवण्णा सिद्धराम के गुरु लगते हैं। सिद्धराम ने अपने कई वचनों में कहा भी है कि 'चन्नबसवण्णा' मेरे गुरु हैं।
- जब अक्कमहादेवी का प्रवेश अनुभव मंटप में होता है तो अल्लम प्रभु सबके सामने अक्कमहादेवी के व्यक्तित्व की महानता का दर्शन करवाना चाहते हैं। इसलिए अक्कमहादेवी की परीक्षा लेते हैं। इस प्रसंग में चन्नबसवण्णा मौन थे पर अन्त में कहते हैं—

अज कोटि कल्प वर्ष के सब बुजुर्ग हैं क्या? सत्य को पहचान कर, महत् समा कर बुजुर्गपन पाने का गौरव हमारी महादेवी अक्का को प्राप्त हुआ है।

ऐसे प्रसंग स्पष्ट करते हैं कि चन्नबसवण्णा कम उम्र में ही ज्ञान की बुलन्दी पर थे, बारहवीं सदी के वचन साहित्यान्दोलन में उनका बहुत बड़ा योगदान था।

वचन साहित्य की क्रान्तिकारी विचारधारा से और इसके विस्तार से जड़ सांप्रदायिक वर्ग वैदिक मन इससे भयभीत हो गए। उनको लगा कि इस विचार से हम जड़ से मिट जाएँगे। इसीलिए शासक वर्ग से मिलकर शरणान्दोलन को मिटाने की दुर्योजना बनी। शरण संकुल और राजा की सेना में युद्ध जैसा दंगा छिड़ा। शरणों में पूर्वाश्रम के ब्राह्मण मधुवय्या और पूर्वाश्रम के अस्पृश्य हरळय्या के बेटा-बेटी का विवाह हुआ। इसे वर्णाश्रम धर्म का उल्लंघन समझकर हरळय्या और मधुवय्या को हाथी के पांव से बाँधकर हत्या करने की शिक्षा दी गई। रक्तपात हुआ। वचन साहित्य की रक्षा करने के लिए हथियार लेकर लड़ते-लड़ते वचन साहित्य भंडर को उठाकर शरण बिखर गए।

चन्नबसवण्णा जी, अक्कनागम्मा, गंगांबिके और अन्य शरणों के साथ उळवी की ओर चल पड़े। बिज्जळ राजा की सेना पीछे पड़ी थी। शरण लड़ते थे और प्राण की बाजी लगाकर वचन भंडार को लेकर आगे बढ़ते थे। विश्व में यह विरल क्रान्ति थी।

साहित्य की रक्षा के लिए, अभिव्यक्ति स्वातंत्र्य की रक्षा के लिए शरणों ने अपना बलिदान दिया है। ज्ञान की रक्षा के लिए शरण-शरणियों ने तलवार का सामना किया है।

वचन की महत्ता : धन-सम्पत्ति के लिए, राज्याधिकार के लिए, स्त्री लोलुपता के लिए रक्तपात हुए हैं विश्व में। पर विचार की रक्षा के लिए, वचन साहित्य की रक्षा के लिए रक्तपात होना विरल है। यह वचन साहित्यान्दोलन विश्व में विरलान्दोलन था। इस रक्तपात में बसवण्णा की पत्नी गंगांबिका का प्राण निकल गया—धन्य है शरणी गंगांबिका।

वचन साहित्य के बारे में चन्नबसवण्णा का कहना कितना रोचक विचार है।

काय साहित्य हर कहीं मिलता है
आत्म साहित्य कहाँ पर मिलता है?'

—चन्नबसवण्णा

शरणों ने चन्नबसवण्णा के व्यक्तित्व के प्रति इस प्रकार प्रतिस्पंदन दिया है। उन्होंने चन्नबसवण्णा को—स्वयंभूज्ञानी, महाज्ञानी, अविरल ज्ञानी, सदमल ज्ञानी, सुज्ञानी, दिव्यज्ञानी, सम्यक्ज्ञानी के रूप में दर्शन किया है।

चन्नबसवण्णा बारहवीं सदी के वचन साहित्य के एक महत्त्वपूर्ण वचनकार थे। उन्होंने लगभग 1763 वचनों की रचना की है। पता नहीं अनुपलब्ध कितने होंगे?

उनके वचनों का वचनांकित 'कूडलचन्नसंगमदेव' था। उनके वचन वचनांकित को छोड़कर दो पंक्तियों से लेकर 3,4,5,6 पंक्तियों के हुआ करते थे। कभी-कभी 12 पृष्ठों तक उनके वचन फैल जाते थे। षट्स्थलज्ञानी कहलाते थे, पर नीरस तात्त्विकता की अभिव्यक्ति न होकर सरल, सहज और सरस अभिव्यक्ति करते थे। सामाजिक एवं सांस्कृतिक महत्त्व भी उनके वचनों में है।

वचन रचना के प्रति लिखा उनका यह वचन उल्लेखनीय है। लिखते हैं—

वचन रचना के अनुभाव
जानते हैं—कहनेवालो!
कहिए—वचन रचना क्या है?
अनुभाव क्या है?
वचन : आत्म तृप्ति को पहचानना!
रचना : स्थावर लिंग जंगम त्रिविध में देखना!
अनुभाव : काम इच्छा की ओर आकर्षित
होकर कामी नहीं होना!

ये थे चन्नबसवण्णा, चन्नबसव, चन्नबसवेश्वर।

चन्नबसवण्णा के वचन

त्वचा लिंगमुख न हो तो
स्पर्श न करता शरण
नयनेन्द्रिय लिंगमुख न हो तो
अन्य रूप को न देखता शरण
श्रवणेन्द्रिय लिंगमुख न हो तो
अन्य शब्द न सुनता शरण
नासिकेन्द्रिय लिंगमुख न हो तो
परिमल को न सूँघता शरण
रसनेन्द्रिय लिंगमुख न हो तो
रुचिकर पदार्थ को न चख सकता
शरण कूडलचन्नसंगा, आपका शरण
सर्वांगलिंगी होने से ॥ 1 ॥

अंग से लिंग दूर न हो ऐसा रहना चाहिए
मन को न छुए तो अंग और लिंग का क्या सम्बन्ध?
शरीर कायक कर रहा हो
और मन लिंग में समाकर रिक्तता रहित रहने की
मडिवाळ माचव्या की रीति को देखो।
अंग लिंग संग का भेद संशय दूर होकर
सर्वांगलिंग सम्बन्धी है कूडलचन्नसंगय्या में
मडिवाळ माचय्या ॥ 2 ॥

अंग पर लिंग का सम्बन्ध होने पर
क्षेत्र तीर्थ क्यों जाना!
अंग पर धारित लिंग को स्थावर लिंग के लगने पर
किसको महान् कहूँ? किसको लघु कहूँ?

जो महत्, वाक् से परे हैं
उसे न समझकर बरबाद हुए।
जंगमदर्शन होने पर सिर नवाते पावन होते
इष्टलिंगदर्शन होने पर हस्तस्पर्श से पावन होते
पास जो इष्टलिंग है उसे झूठ मानकर
दूर स्थित लिंग को नमस्कार करनेवाले
व्रतभ्रष्ट को मत दिखाओ!
कूडलचन्नसंगय्या ॥ 3 ॥

अंग पर लिंग धारण होने पर
पुनः भवी का रिश्तेदार मानकर सम्बन्ध करेगा तो
पहाड़ की मारिदेवी को बलि हो जाना न चूकता
कच्ची मिट्टी से बना घड़ा अग्निमुखी होने पर
पुनः वह अपने पूर्व स्थिति में जाएगा क्या?
अतः पूर्वाश्रम नास्ति हुए भक्त अपूर्व है
कूडलचन्नसंगमदेव ॥ 4 ॥

अंग के लिए लिंग समीप होने पर
कानों से अन्य शब्द न सुनता शरण
अंग के लिए लिंग समीप होने पर
अन्य को न छूता शरण
अंग के लिए लिंग समीप होने पर
अन्य को न देखता शरण
अंग के लिए लिंग समीप होने पर
आहार-व्यवहार को न जानता शरण
अंग के लिए लिंग समीप होने पर
अन्य वस्तु को न सूँघता शरण
अंग के लिए लिंग समीप होने पर
केवल शब्द को न बोलता शरण
अंग के लिए लिंग समीप होने पर
कूडलचन्नसंगय्या के बिना
अन्य को न जानता शरण ॥ 5 ॥

अंग से लिंग का सम्बन्ध होने पर अंग ही लिंग
मन से लिंग का सम्बन्ध होने पर पंचकरण ही लिंग

प्राण से लिंग सम्बन्ध होने पर
ज्ञान के विषयादि भोग ही लिंग है।
अतः
सर्वांगलिंग, सर्वभोग लिंगभोग है,
कूडलचन्नसंगमदेव ॥ 6 ॥

अंग में आचारलिंग सम्बन्धी है
मन में महालिंग सम्बन्धी है,
इस प्रकार उभयसंग सम्बन्ध समरस है
कूडलचन्नसंगा, आपका शरण ॥ 7 ॥

अंग में जो लीन हुए वे अंग के बोल हैं देखो
लिंग में जो लीन हुए वे लिंग के बोल हैं देखो
किसी भी स्थल में स्थित हो वे उस स्थल में ही बोलते हैं देखो।
कूडलचन्नसंगा के शरण
उस लिंग की चाल, उस लिंग के बोल हैं देखो ॥ 8 ॥

तन की इच्छा से मांस, भाँग, तंबाकू सेवन करनेवाले
आँखों की इच्छा से परवधू को चाहनेवाले
उनके लिंग धारण होने से क्या प्रयोजन? जो लिंग के जाने बिना
जंगम से दोष लग जाए तो
वे पहाड के मारिदेवी को बलि जाएँगे।
हे कूडलचन्नसंगमदेव! ॥ 9 ॥

अंग संगी को लिंग संग का सम्बन्ध नहीं रहता
लिंग संगी को अंग संगी का सम्बन्ध नहीं रहता
अंगसंग अनाचार है
लिंगसंग सदाचार है
अतः, अंगसंग को छोड़कर
लिंग संगी होना चाहिए कूडलचन्नसंगमदेव ॥ 10 ॥

अंगाश्रय मिटाकर लिंगाश्रय होने पर
अंग के लिए लिंगाचार के बिना
अंगक्रिया जानकर संग नहीं करते।

लिंग में भक्त निष्ठावान होने के बाद
अन्य देव का नाम लेकर भक्त क्यों थकेंगे!

इसलिए
कूडलचन्नसंग के शरण
अन्य का आचरण नहीं करते ॥ 11 ॥

अन्तरंग में ज्ञानोदय हो तो क्या,
बहिरंग में क्रिया के न रहने से?
देह न हो तो प्राण के लिए आश्रय कहाँ?
दर्पण न हो तो अपना मुख देख सकते हैं क्या?
साकार निराकार एकोदेव,
हमारा कूडलचन्नसंगय्या ॥ 12 ॥

अन्तरंग में सोचनेवाला नहीं
बहिरंग में उपयोग करनेवाला नहीं
दोनों का तिरस्कार कर अपने में आप सहज है देखो
कूडलचन्नसंगा, आपके शरण के लिए
न अन्तरंग है, न बहिरंग। ॥ 13 ॥

प्रतिदिन प्राप्त पदार्थ को
कभी भी अपने खानेवाले हाथ से कैसे देते?
लिंग को कैसे अर्पित करते?
लिंग को कैसे देते?
लिंग को प्राप्त कैसे हो?
हाय शिव! पीठ एक ही, साथ मिलते हैं, साथ खाते नहीं
ऐसा कहनेवाले लौकिकों को नहीं मानता
कूडलचन्नसंगमदेव ॥ 14 ॥

अन्धकार रूपी गह्वर में नींद रूपी राक्षसी पकड़कर
वीरों को पागल बनाकर, धीरों का धैर्य नष्टकर
शाप अनुग्रह के समर्थों को मरा सा रखकर
लगातार जीवन नाश कर रही है देखो
कूडलचन्नसंगमदेव ॥ 15 ॥

पूजा का जल अलग चाहिए कहना क्या शील है?
पूजा के लिए फूल अलग चाहिए कहना क्या शील है?
ये सब शील नहीं है देखिए।
पंचेन्द्रिय, अरिषड्वर्ग, सप्तधातु
अष्टमदों को नष्ट कर सकता हो तो
वही कूडलचन्नसंगय्या में शुद्ध शीलवान है ॥ 16 ॥

पूजा का जल भरकर
फूल लाकर पूजा कर नष्ट हुए!
लोग पागल या मेला पागल!
पूजा का जल लाकर भरा नाला सूख गया।
फूल ला लाकर, पौधा सूख गया।
तुमने जो पूजा की वह
पौधे और नाले के लिए ही, तुम्हारे लिए कहाँ?
करते-करते करनी नष्ट हुई
करने पर मन न पिघलने से, देने में निजत्व न रहने से
भाई लोग कैसे नष्ट हुए देखो
महादानी कूडलचन्नसंगमदेव ॥ 17 ॥

अग्नि के संग खेलते काष्ठों को देखो
कैसे नष्ट हुए।
सागर के संग खेलते घाटी पहाड़ों को देखो
कैसे नष्ट हुए।
ज्योति के संग खेलते अँधेरे को देखो
कैसे नष्ट हुआ।
आपके शरणों के संग रहकर, मेरे
भवों का नाश हो गया, देखो
कूडलचन्नसंगमदेव ॥ 18 ॥

शुद्ध प्रसादी, नित्य प्रसादी कहकर
नित्य भुँकते कुत्तों को देखो
अकाल पड़े देश से आए गरीबों के समान
फिर परोसेंगे या नहीं समझ माँग-माँगकर खाकर

बचे को फेंकनेवाले कुत्तों को पसन्द करेंगे क्या
हमारे कूडलचन्नसंगमदेव? ॥ 19 ॥

अजकोटि कल्प वर्ष के सब बुजुर्ग हैं क्या?
बाँबी और बाँस में तपस्या करनेवाले सब बुजुर्ग हैं क्या?
कमर टूटकर पीठ झुककर सिर हिलाते सफेद बालों वाले
बुद्धिभ्रमण से एक कहने जाकर नौ कहनेवाले
अज्ञानी सब बुजुर्ग हैं क्या?
सही को जानकर, महान में समाकर
ऊँच-नीच का भेद भूलकर
कूडलचन्नसंगय्या में मिलकर भेद रहित
होने का गौरव हमारी महादेवी अक्का को प्राप्त हुआ ॥ 20 ॥

अज्ञान रूपी कालिख लगे
मन का मोह त्यागने की रीत को देखिए!
कभी गरमाकर कभी गलाकर कभी रंग लगाकर
मेरे मन के मोह को दूर किया।
कूडलचन्नसंगय्या, आपके शरण बसवण्णा ने ॥ 21 ॥

होंठों से प्राप्त रुचि, पेट से प्राप्त सुख
लिंगार्पित न करेंगे तो वह मैल है देखो
श्रोत नेत्र से सेवन न करना चाहिए
श्रोत नेत्र से सेवित सब लिंगार्पित करेगा तो
वह व्रतभ्रष्ट है कूडलचन्नसंगमदेव ॥ 22 ॥

अनाचार के कायक से कमाई करके
उस कमाई की चीज से ही पकाकर भोजन बनाते हैं।
परन्तु उस भोजन को प्रसाद बनाकर
उस प्रसाद को ही भोजन बनाकर
कूडलचन्नसंग का शरण
अनर्पित को अर्पित बनाता है ॥ 23 ॥

अनुभाव अनुभाव कहकर बड़बड़ाते हैं
अनुभाव तो धरती में छिपे धन के समान है

अनुभाव तो अन्तरंग की पवित्रता है देखो
क्या अनुभाव रास्ते की बात है?
क्या अनुभाव बाजार की खबर है?
क्या अनुभाव गली की बात है?
उस महाधन का कैसे वर्णन करें
हाथी माप में छिपे कैसे? छिपेगा तो दर्पण में।
जहाँ देखो वहाँ गोष्ठी, जहाँ भी खड़े हो अनुभाव
जहाँ भी आए मेल सम्बन्ध रचनेवाले
बुद्धिहीन, नीच लोगों को अपनाते नहीं
कूडलचन्नसंगमदेव ॥ 24 ॥

अन्नदानी, वस्त्रदानी, स्वर्णदानियों के
घर-द्वार का पहरा देते हैं
कई विध के वेषधारी!
इस प्रकार
दैन्यभाव रहित निराभारी को दिखाकर धन्य करो
हे कूडलचन्नसंगमदेव! ॥ 25 ॥

अन्नदान से पुण्य प्राप्ति होगी
वस्त्रदान से धर्म प्राप्त होगा
धनदान से लक्ष्मी प्रसन्न होगी
परन्तु त्रिकरण शुद्ध होकर स्मरण करने से मुक्ति प्राप्ति होगी
कूडलचन्नसंगय्या में ॥ 26 ॥

अन्य देवी-देवताओं के भक्त के घर का भोजन
व्यर्थ आहार है।
विश्वास रहित भक्त के घर का भोजन
सन्देह का आहार है।
भोजन परोसकर, मैंने किया ऐसा अहंकार से बात करनेवाले
भक्त के घर का भोजन वमन किया आहार है।
आप पर विश्वास रखनेवाले, सज्जन भक्त के घर का भोजन
सदाचार, भृत्याचार, शिवाचार से होने से
वह लिंगार्पित हुआ, कूडलचन्नसंगमदेव ॥ 27 ॥

पानी से मिले ओले के समान
वायु से मिले परिमल के समान
असीम से मिले ज्योति के समान
लिंग से मिले शरण को
क्या देही कह सकते हैं?
ये त्रिविध निर्णय
कूडलचन्नसंगा, यह आपके शरण की रीति है ॥ 28 ॥

स्वामी, सज्जन सद्भाववालों के संग से
महानुभावियों को देख सकते हैं
महानुभावियों के संग से श्रीगुरु को देख सकते हैं
श्रीगुरु के संग से लिंग को देख सकते हैं
लिंग के संग से जंगम को देख सकते हैं
जंगम के संग से प्रसाद को देख सकते हैं
प्रसाद से आचार को देख सकते हैं।
आचार से अपने को देख सकते हैं, स्वामी
इसलिए, कूडलचन्नसंगमदेव
आपके सज्जन सद्भाववालों के संग को ही
देने की कृपा करो ॥ 29 ॥

राजा का नाम रखनेवाले अनामिक के समान
नाम के लिए योग्य हो सकता है, मगर
सिंहासन के लिए योग्य हो सकता है क्या?
लिंग जंगम प्रसाद के अनुभाव के नाम पर
जीनेवाले वेषधारी व्यसनाश्रित सभी लोग
सज्जन सदाचार से सम्बन्धित गुणादि गुणों के लिए योग्य हैं क्या?
कूडलचन्नसंगय्या, वे ऐसा रहें कि सहज सम्यक् भक्त नहीं हैं ॥ 30 ॥

राजा की भक्ति अहंकार में नष्ट हो गई
सैनिक की भक्ति तलवार की नोक में नष्ट हो गई
व्यापारी की भक्ति नाप की नोक में नष्ट हो गई
सुनार की भक्ति अग्निष्टिका में नष्ट हो गई
शीलवान की भक्ति सन्देह में नष्ट हो गई
क्रिया और मिलन की भक्ति डरने में नष्ट हो गई

व्रती की भक्ति सांसारिकता में नष्ट हो गई
इसलिए, कूडलचन्नसंगय्या
किरातों के जन्म से पुरातन छिप गए ॥ 31 ॥

राजा की भक्ति अहंकार में नष्ट हुई
वेश्या की भक्ति जूठन खाने में नष्ट हुई
नातेदारी की भक्ति भयंकर नरक है,
गरीब की भक्ति निक्षेप है।
इसलिए, कूडलचन्नसंगमदेव
आप अपने भक्तों को गरीबी ही दीजिए ॥ 32 ॥

ज्ञान को पाने के लिए
सद्गुरुनाथ ने इष्टलिंग संकेत को हाथ में दिया न?
अपने ज्ञान को ही भूलकर केवल संकेत को पूजनेवाले
मूर्खों को देखो, कूडलचन्नसंगमदेव ॥ 33 ॥

वेषधारी भक्त हो तो पड़ोस के घर में न रहना चाहिए
लिंगनिष्ठा रहित के आंगन में भी पैर नहीं रखना चाहिए
जंगमप्रेम रहित के साथ बात नहीं करनी चाहिए
प्रसाद प्रसन्नतारहित के साथ सहपंक्ति में बैठना नहीं चाहिए
कूडलचन्नसंगय्या आप ही साक्षी हैं
जो चतुर्विद सन्निहित नहीं हैं
उन्हें पसन्द नहीं करेंगे आपके शरण ॥ 34 ॥

अर्थमद, अहंकार मद श्रेष्ठकुल का मद छूटता नहीं,
जंगमाचार जंगम भक्ति और किसी में समाहित नहीं।
बात ही बात में चमकनेवाले डांभिकों में
जंगम भक्ति और कहाँ कूडलचन्नसंगय्या? ॥ 35 ॥

धन की भक्ति, व्यर्थ हो गई
राजा की भक्ति, रुको, छोड़ो कहने में गई
आचरण की भक्ति, छिप गई थी
कूडलचन्नसंगमदेव में
कीड़ों के बढ़ने से, कल्पवृक्ष छिप गए थे ॥ 36 ॥

अष्टविध अर्चन,
षोडश उपचार की आवश्यकता नहीं,
करनेवाले करें, परन्तु माँगकर न करें।
माँगकर करनेवाली भक्ति, निरुपयोगी है,
कूडलचन्नसंगय्या ॥ 37 ॥

आकाश में उड़नेवाले पतंग के लिए भी मूल सूत्र होना चाहिए।
वीर होने पर भी शस्त्राभ्यास के बिना न होना चाहिए।
भूमि न हो तो गाड़ी चलेगी क्या?
अंग को लिंग के बिना निस्संग न रहना चाहिए
कूडलचन्नसंगमदेव में
संग के बिना निस्संगी हूँ,
ऐसा कह सकते हैं क्या अल्लम प्रभु जी? ॥ 38 ॥

आचारलिंग के द्वारा अनुभाव लिंगसिद्धि
अनुभाव लिंग के द्वारा मार्गक्रियालिंगसिद्धि
मार्गक्रियालिंग के द्वारा उससे परे की क्रियालिंगसिद्धि
उससे परे की क्रियालिंग के द्वारा क्रिया निष्पत्ति लिंगसिद्धि
इसलिए
कूडलचन्नसंगय्या, लिंग द्वारा ही लिंगसिद्धि ॥ 39 ॥

आचारसहित हो तो गुरु
आचारसहित हो तो लिंग
आचारसहित हो तो जंगम
आचारसहित हो तो पादोदक
आचारसहित हो तो प्रसाद
आचारसहित हो तो सद्भक्त
आचारसहित हो तो दासोह।
आचाररहित हो तो गुरु नहीं, वह केवल नर है।
आचाररहित हो तो लिंग नहीं, वह शिला मात्र है।
आचाररहित हो तो जंगम नहीं, वह मात्र वेषधारी है।
आचाररहित हो तो पादोदक नहीं, वह केवल पानी है।
आचाररहित हो तो प्रसाद नहीं, वह मात्र आहार है।
आचाररहित हो तो भक्त नहीं, वह भूतप्राणी है।

आचाररहित हो तो वह दासोह का घर नहीं, वेश्या की झोंपड़ी है।
इसलिए, कूडलचन्नसंगय्या,
आचारहीनों को भयानक नरक प्राप्त होगा ही ॥ 40 ॥

आचार रूपी धनुष पर विचार रूपी डोरी
समता रूपी टंकार
शिष्य रूपी बाण चढ़ाकर
गुरु रूपी व्याध ने लिंग रूपी शून्य को लक्ष्य बनाया तो
पुच्छ न दिखाई दे ऐसा छिप गया था
अब उस पुच्छ और बाण को ढूँढ़ सकते हैं क्या
कूडलचन्नसंगा आप में? ॥ 41 ॥

बकरी के गले में थन हो तो क्या अमृत है उसमें?
भक्त होने से क्या प्रयोजन शिवपथ को न जानने पर?
जंगम को देखने से हर्ष न हुआ तो
आँखों की पुतलियाँ फूलने के समान हैं।
कूडलचन्नसंग के शरण का न समाया हुआ हर्ष
रानी में चाह की दृष्टि के समान व्यर्थ है ॥ 42 ॥

आत्मा के निजत्व को जानकर
परमात्मा लिंग आप ही है इसे समझा शरण,
जैसा भी करे वह पूजा है देखो।
वह शरण जो भी भोग करे लिंगार्पित
उस शरण को जो भी रुचता प्रसाद है।
वह शरण जो भी जानता है वह परब्रह्म है,
वह जो भी बोलता है वह परतत्त्व है।
वह शरण स्वयं ही कूडलचन्नसंगय्या है ॥ 43 ॥

पुरातन शरणों के वचन क्या चुंगी हैं?
घर-घर जाकर उपदेश देना,
घर-घर जाकर प्रसन्न करना,
यह भक्तिस्थल है क्या? यह जंगमस्थल है क्या?
भक्त हो तो भृत्य होकर रहना चाहिए।
जिनमें ये दोनों गुण नहीं हैं, वे ठीकरे के समान हैं।
ऐसे व्यर्थ लोगों को मत दिखाओ कूडलचन्नसंगमदेव ॥ 44 ॥

हाथी पर सवार हो तो क्या, जो मानवों के सामने हाथ फैलाता है?
वह माँगना न छोड़ सकता, मगर
हाथी पर चढ़कर आ रहा है घमंड में देखो।
भवलोक के मोह में पड़े ऐसे ब्रह्मचारी को देख
कूडलचन्नसंगय्या हँस रहा था ॥ 45 ॥

हाथी पर सवार महावत चक्रेश बन सकता है क्या?
वेदागम-शास्त्र-पुराणों को पढ़ने, सुनने से
वे उपदेश और आचरण से पूर्ण पुरातन शरण हो सकते हैं क्या?
जैसे 'पूर्णश्च पुरातनः' कहा गया है।
सेविका के लक्षणवाली को पीतांबर पहनाकर
नवरत्नादि गहने पहनाकर, पालकी में बिठाने से वह
'शंकरस्य यथा गौरी' कहला सकती है क्या?
प्रसिद्ध होने के लिए निजतत्त्वों को पढ़-सुनकर कहने से क्या?
उसके अनुसार ज्ञान-आचरण में, बोलचाल में शुद्ध नहीं हो तो
उन्हें कुंभीपाक नरक मिलेगा ही,
कूडलचन्नसंगमदेव ॥ 46 ॥

कृषिकार्य करके सांसारिक दुःस्थिति से मुक्त न हो सके तो
वह कृषिकार्य ही व्यर्थ है।
व्यवहार करके सांसारिक दुःस्थिति से मुक्त न हो सके तो
वह व्यवहार ही व्यर्थ है।
सेवा करके सांसारिक दुःस्थिति से मुक्त न हो सके तो
वह सेवा ही व्यर्थ है।
भक्ति करके जन्म-मरण विरहित न हो सके तो
वह भक्ति ही व्यर्थ है, कूडलचन्नसंगमदेव ॥ 47 ॥

किस-किस रीति से, किस-किस भाव से
गुरु लिंग जंगम के लिए दासोह किया, उनसे जुड़ गया
कहनेवाले सद्भक्तों का द्वार दिखाकर मुझे धन्य करो
सब कुछ समर्पित कर 'लिंग जंगम मेरा प्राणेश्वर' कहनेवाले
महा पुरातन शरणों की पादरक्षा ढोऊँ ऐसा करो मुझे
कूडलचन्नसंगमदेव ॥ 48 ॥

रखने के, देने के, छोड़ने के, बाँधने के
कदाचार में न पड़नेवाला शरण है
हवा के आड़ में ज्योति के समान
सुख दिए बिना न रहेगा,
अपना ज्ञान, विस्मरण सभी प्राणलिंगाधीन होने से
और कुछ नहीं जानता है।
वह न थकता है, न ऊबता है
जगत् की भ्रांति में न पड़ता है
सुख मुद्रा में रहनेवाला लिंगैक्य है
कूडलचन्नसंगमदेव ॥ 49 ॥

रहकर भी बद्ध नहीं, भटककर भी अशुद्ध नहीं
किसी भी संग में न पड़नेवाला निजैक्य है।
चाहते न चाहते, नष्ट होकर शेष रहकर
कर्पूर गिरि को आग लगने के समान
कूडलचन्नसंग में मैं लिंगैक्य हूँ ॥ 50 ॥

ईख में जो मिठास है उसे न जानकर
ईख के बाहरी छिलके को खाकर संतुष्ट होनेवाले भेड़ के समान
अन्तरंग के आत्मतीर्थ को समझना छोड़कर
बाहर के जड़ भौतिक तीर्थ ढूँढ़ते थककर
भटकनेवाले बकरे जैसे लोग
हाथ में आए रत्न को फेंककर काँच की गोली को खरीदनेवाले
मूर्ख जैसे हो गए देखो
अत: कूडलचन्नसंगमदेव
आपके स्वरूप के गुरु लिंग जंगम ही मेरा स्वरूप समझने पर
उस गुरु लिंग जंगम के पादोदक ही
आत्मतीर्थ हो गया है।
ऐसे आत्मतीर्थ को पाकर मैं परम पवित्र हो गया ॥ 51 ॥

जो माया नहीं है उसका अस्तित्व मानकर
बड़प्पन के लिए चकित होना क्यों?
जो माया नहीं है उसे नहीं है कहना न जानकर
चकित होना क्यों?

सब कुछ, अपने आपमें है ऐसा जानने पर
कूडलचन्नसंगय्या अपने आप में है, और कहीं नहीं ॥ 52 ॥

जो इस संसार में नहीं है वह आँख के सामने
रूपायित होकर सताते रहे तो,
सुज्ञान रूपी अंजन लगाकर,
सारा भ्रम रूपी अँधेरा मिटाकर
अपना लिंग सम्बन्ध स्थिर कर, सदा छाप लगानेवाले
प्रभु के श्री चरणों में
नमो नमो कहता रहा मैं, कूडलचन्नसंगय्या ॥ 53 ॥

इष्टलिंग प्राणलिंग कहते हैं,
जानते हो तो बताइए न कि
इष्टलिंग कौन-सा है, प्राणलिंग कौन-सा है?
इष्टलिंग दर्पण है तो
प्राणलिंग प्रतिबिम्ब है।
दर्पण धूमिल पड़ जाए तो
प्रतिबिम्ब कैसे दीखेगा? नहीं दीखेगा।
इष्टलिंग पूजा धुँधली पड़े तो
प्राणलिंग कैसे दीखेगा? नहीं दीखेगा।
कूडलचन्नसंगमदेव
इष्टलिंग में प्राणलिंग तृप्त हुए हो
ऐसे भक्त को दिखाकर मुझे धन्य करो ॥ 54 ॥

इष्टलिंग सम्बन्ध होने पर
कायगुण नष्ट होकर लिंगकाय बना
प्राणलिंग सम्बन्ध होने पर
करण गुण नष्ट होकर लिंग करण बने।
भावलिंग सम्बन्ध होने पर
इन्द्रियगुण नष्ट होकर लिंगेन्द्रिय बने।
इसलिए, शरण के लिए न अलग लिंग है, न अलग अंग है।
अर्पित अनर्पित का उभय सन्देह उसमें मिट गया,
कूडलचन्नसंगय्या, जो निजैक्य होकर आप में समा गए ॥ 55 ॥

खानेवाले मुँह में और एक खानेवाला मुँह है यह कैसा?
देखनेवाली आँख में और एक आँख है यह कैसा?
सुननेवाले श्रोत्र में और एक सुनानेवाला श्रोत्र यह कैसा?
सूँघनेवाली नासिका में और एक सुँघवानेवाली नासिका यह कैसा?
स्पर्श करनेवाले त्वचा में और एक स्पर्श करवानेवाला त्वचा है यह कैसा
इस प्रकार इनमें तुम्हारे रहने के रहस्य को कौन जाने
कूडलचन्नसंगमदेव! ॥ 56 ॥

खाना खिलाना शिवाचार है
बेटी का सम्बन्ध करना कुलाचार है, ऐसा
कहनेवाले अनाचारी की बात नहीं सुनी जाती।
विप्र से अन्त्यज तक सभी शिवभक्त समान हैं,
इसलिए बेटी का सम्बन्ध करना सदाचार है।
अन्य सब अनाचार है।
वह इस प्रकार है :
स्फटिक के घड़े में कालादोष ढूँढ़ने के समान
मीठे में कड़वापन ढूँढ़ने के समान
रजसूतक, कुलसूतक, जननसूतक
प्रेतसूतक, उच्छिष्टसूतक माननेवाले भक्त को
न गुरु हैं, न लिंग हैं, न जंगम हैं, न तीर्थ-प्रसाद हैं।
इन पंचसूतकों को नष्ट न करनेवाला, भक्त न बन सकता।
ऐसे सूतक नष्ट भक्तों में बेटी का सम्बन्ध करना सदाचार है
कूडलचन्नसंगमदेव ॥ 57 ॥

जूठन उदक में चाँद की छाया हो तो क्या
वहाँ चाँद है क्या?
इस संसार की व्याप्ति में शरण का शरीर रहे तो क्या
वहाँ शरण है क्या?
कीचड़ में कमल-सा, मठ के अन्दर शून्य-सा
अत: है भी नहीं भी।
इसलिए, हे कूडलचन्नसंगमदेव,
आपका शरण भोगकर भी उपवासी है,
सम्बन्ध करके भी ब्रह्मचारी है ॥ 58 ॥

पहना वस्त्र उतारकर नंगा होने से क्या?
उपवास रखकर, व्यसन छूटकर
व्याप्तियाँ तल्लीन हो तो क्या?
न पहुँच सके ऐसा ठाँव छिपाकर रखा है
कूडलचन्नसंगय्या ने ॥ 59 ॥

कीड़ा थन को लग जाय तो उसे क्षीर मिलेगा क्या?
खटमल तन को लग जाय तो क्या
अंगनाओं का सुरत सुख उसे मालूम होगा?
तोता रटे तो वह लिंगवेदी बन सकता है क्या?
खच्चर कितना भी बड़ा क्यों न हो वह घोड़ा बन सकता है क्या?
तत्त्व की बात अंगसंगियों को क्यों? शिव का संग भवी को क्यों?
रेशम और मूँगे का नीड़ क्यों उल्लू को?
जमींदार के घर के नौकर को
सम्राट के नाम पर प्रतिष्ठा क्यों?
क्षुद्रदेवों को नमस्कार कर नरक में जानेवाले दुराचारियों गें
शिवाचार सम्भव है क्या कूडलचन्नसंगमदेव? ॥ 60 ॥

उदय, मध्याह्न और अस्तमान त्रिकाल में
पत्र पुष्प तीर्थ लाकर मज्जन करने दिया कहे तो
भीगता नहीं, बढ़ता नहीं,
पानी तो एक बूँद भी स्पर्श न करता
आपकी लिंग पूजा, हमारे जंगम के प्रति उदासीनता
इसे देख मैं चकित हो गया, कूडलचन्नसंगमदेव ॥ 61 ॥

उदय, मध्याह्न और संध्याकाल को देखकर
करनेवाले कर्मियो, तुम सुनो,
शरण के लिए उदयकाल कहाँ?
अस्तमान काल कहाँ?
महामेरु के आड़ में रहकर
अपनी छाया को ढूँढ़नेवाले भाव भ्रमितों को
पसन्द न करता हमारा कूडलचन्नसंगमदेव ॥ 62 ॥

उदयकाल में निकली धूप
लिंग को अर्पित करनी चाहिए

अस्तमान में निकली छाया
लिंग को अर्पित करनी चाहिए
अध: ऊर्ध्व और मध्य को
लिंग को अर्पित करना चाहिए
अंबर से निकले निर्मल उदक को
लिंग को अर्पित करना चाहिए
मुक्तप्रदेश से निकली वायु को
लिंग को अर्पित करनी चाहिए
कोई भी वस्तु क्यों न हो? उसे लिंगार्पित करनी चाहिए
कूडलचन्नसंगय्या
लिंगार्पित किए बिना लेंगे तो वह मैल है ॥ 63 ॥

उदयास्तमान रूपी माप पात्र से
आयुष्य रूपी राशि मापते हैं
राशि पूर्ण होने से पूर्व झूठे वैभव को छोड़कर
शिवलिंगार्चन करना चाहिए
कूडलचन्नसंगय्या
इसे न करेंगे तो घोर नरक मिलेगा ॥ 64 ॥

उपदेशक गुरु एक ही, लिंग तत्त्व एक ही है
नहीं तो क्या सती के लिए अलग लिंग, सुत के लिए अलग लिंग है?
भाई के लिए अलग लिंग और दासी के लिए अलग लिंग है क्या?
इस प्रकार एक घर में गुरु लिंग को अलग करेंगे तो
मानेंगे नहीं हमारे कूडलचन्नसंगय्या के शरण ॥ 65 ॥

तनुगुण का उभयभाव मिटे बिना ज्ञान का आचरण सम्भव नहीं
ज्ञान का आचरण सम्भव न हो तो लिंग का प्रकाश प्राप्त न होगा
लिंग का प्रका शन मिलेगा तो
कूडलचन्नसंगय्या में पूर्णता न मिलेगी ॥ 66 ॥

दोनों सेनादल आकर आगे खड़े होकर प्रतिज्ञा करके
अपनी बिरुदावली का पराक करते हुए
करनेवाले युद्ध में,
हाथ से शस्त्र गिर पड़े तो अनुचित दोष है।

परन्तु, शस्त्रसाधक अभ्यास करते समय
लाठी गिर पड़े तो वह अनुचित नहीं।
फिर उस लाठी को लेकर
अभ्यास करना ही उचित है।
मैं फिर अब अभ्यास न कर सकता, ऐसा
बोलनेवाले मूर्खों की बात
न सुनी जा सकती।
दृष्ट ही लाठी, अदृष्ट ही आयुध
अदृष्ट लिंग को दृष्ट करना
अपनी सत् क्रिया है, देखो
कूडलचन्नसंगय्या ॥ 67 ॥

वाद-विवाद करनेवाले बातूनी की बात और झगड़ालू की बात जो है
उसमें लिंगानुभव कहाँ?
रास्ते के बुरे निन्दक शब्दों में है क्या
लिंगानुभव?
बाजार में समाधि सम्भव है क्या?
अतः कूडलचन्नसंगय्या, लिंगानुभव
बाहरी वेषधारी वाचालों में कहाँ? ॥ 68 ॥

बस्ती में श्वान देख सकते हैं
सिंह को नहीं।
नदी में बक पक्षी देख सकते हैं
हंस को नहीं।
रास्ते में काँच की मणि बेचते देख सकते हैं
रत्न को नहीं।
धरती पर वेषधारी को देख सकते हैं
न कि शिवज्ञानी को, कूडलचन्नसंगमदेव ॥ 69 ॥

जूठन की बात कहनेवाले मनोरंजक सब
अधिकाधिक बात वे क्या जानें?
अधिकाधिक बात जूठन है क्या? जूठन की बात अधिकाधिक है क्या?
बातों की राशि खाने वाले पशुप्राणी के समान
जूठन की बातें ही कर रहे हैं।

लिंग रहस्य संयोग के मर्मस्थल को वे क्या जानें?
हे कूडलचन्नसंगय्या,
उपदेश सूतकी सब रौरव नरक के पात्र हैं ॥ 70 ॥

अपनी काया के लिए सीमा खींचूँगा,
अपनी काया में जो करणादि इन्द्रियगुण हैं, उनके लिए सीमा खींचूँगा।
अपने श्रोत्र के लिए सीमा खींचूँगा,
अपने श्रोत्र में जो शब्द है उसके लिए सीमा खींचूँगा।
अपनी त्वचा के लिए सीमा खींचूँगा,
अपनी त्वचा के स्पर्श के लिए सीमा खींचूँगा।
अपने नयनों के लिए सीमा खींचूँगा,
अपने नयनों में जो रूप है उसके लिए सीमा खींचूँगा।
अपनी जिह्वा के लिए सीमा खींचूँगा,
अपनी जिह्वा में जो रस है उसके लिए सीमा खींचूँगा।
अपने घ्राण के लिए सीमा खींचूँगा,
अपने घ्राण में जो सुगंध है उसके लिए सीमा खींचूँगा।
अपने मन के लिए सीमा खींचूँगा,
अपने मन नें जो विस्मृति है उसके लिए सीमा खींचूँगा।
अपने भाव के लिए सीमा खींचूँगा,
अपने भाव में जो भ्रांति है उसके लिए सीमा खींचूँगा।
अपने प्राण के लिए सीमा खींचूँगा,
अपने प्राण को लिंग में सूख न जाय ऐसा स्थिर करूँगा।
कूडलचन्नसंगमदेव ॥ 71 ॥

मेरी काया में तुम्हारी काया है
तुम्हारी काया में मेरी काया है।
मेरे जीव में तुम्हारा जीव है
तुम्हारे जीव में मेरा जीव है।
मेरे प्राण में तुम्हारे प्राण हैं
तुम्हारे प्राण में मेरा प्राण है।
मेरी इन्द्रियों में तुम्हारी इन्द्रियाँ हैं
तुम्हारी इन्द्रियों में मेरी इन्द्रियाँ हैं।
मेरी विषयवासनाओं में तुम्हारी विषयवासना है
तुम्हारी विषयवासनाओं में मेरी विषयवासनाएँ हैं।

मेरे करणों में तुम्हारे करण हैं
तुम्हारे करणों में मेरे करण हैं।
अतः मैं ही रूपाकार हूँ तुम ही रूपरहित हो
रूपकाकार नाशवान है रूपरहित अविनाशी है।
मैं कर्पूर हूँ, तुम ज्योति हो
मैं आप में समा गया हूँ, कूडलचन्नसंगमदेव ॥ 72 ॥

मेरे घ्राण के द्वार पर रहकर
सुगंध सुख भोगनेवाले तुम हो
मेरी जिह्वा के द्वार पर रहकर
सुरुचि सुख भोगनेवाले तुम हो
मेरे नयनों के द्वार पर रहकर
सौन्दर्य सुख भोगनेवाले तुम हो
मेरी त्वचा के द्वार पर रहकर
सुस्पर्श कर स्पर्श सुख भोगनेवाले तुम हो
मेरे श्रोत्र के द्वार पर रहकर
सुशब्द सुख भोगनेवाले तुम हो
मेरे मन के द्वार पर रहकर
पंचेन्द्रिय को समझकर, सुख भोगनेवाले
ज्ञान की मूर्ति तुम हो।
क्योंकि :
समझ गया कि मैं तुम्हारे खिलवाड़ की सूत्रकी गुड़िया हूँ।
तुम्हारे करणेन्द्रिय ही मेरे प्राण होकर
मेरे प्राण ही तुम्हारे करणेन्द्रिय होकर
कूडलचन्नसंगमदेव, जैसे तुमने खिलवाया मैं खेलता रहा ॥ 73 ॥

मेरे अन्तरंग के निराकार लिंग को
साकार लिंग बनाकर
मेरे करस्थल में प्रतिष्ठित किया श्री गुरुस्वामी ने
वह लिंग मेरे सर्वेन्द्रियों में आवृत होकर
करण सारे किरण होकर
प्रकाशित चिदाकाश ही प्राणलिंग समझकर
विचार करके प्राप्त समझ ही
परमानन्द युक्त मूल चैतन्य ही भावलिंग है।

इसे समझकर देखने का भाव परिपूर्ण होकर आप स्वयं हुए बिना
सामने आकर दिखाई नहीं पड़ता।
अखंड परिपूर्ण भाव स्वयं ही,
कूडलचन्नसंगमदेव है ॥ 74 ॥

मेरे श्रोत्र के अन्त में रहकर सुशब्द को जानने वाले तुम्हीं हो।
मेरी त्वचा के अन्त में रहकर सुस्पर्श को छूने वाले तुम्हीं हो।
मेरे नेत्र के अन्त में रहकर सुन्दर रूप को जानने वाले तुम्हीं हो।
मेरी जिह्वा के अन्त में रहकर सुस्वाद को जानने वाले तुम्हीं हो।
मेरे नाक के अन्त में रहकर सुगंध को जानने वाले तुम्हीं हो।
मेरे सर्वांग में रहकर सर्व भोगोपभोग भोगने वाले भी तुम्हीं हो।
हे कूडलचन्नसंगमदेव! ॥ 75 ॥

हे मेरे सद्गुरु स्वामी, मेरे लिए जो करुणा दिखाई
उसे किस उपमा से बखान करूँ?
गुरुलिंग साक्षात् परशिव से विशेष है।
ज्योति में प्राप्त ज्योति जैसा है
दर्पण के भीतर प्रतिबिम्ब जैसा है
पदक के भीतर रखे रत्न जैसा है
रूप की छाया के अन्तरंग जैसा है
कूडलचन्नसंगय्या,
दर्पण के लिए दर्पण दिखाने जैसा
मेरे सद्गुरु का उपदेश मुझे प्राप्त हुआ ॥ 76 ॥

एक भाजन, एक भाजन कहते हैं, हम इसे नहीं जानते
अंग पर प्राणलिंग प्रतिष्ठा होने के बाद
लिंग को और अपने को एक भाजन न हो तो भिन्न भाजन है क्या?
लिंग और अपने में एक भाजन जब तक न होता
तब तक अंग की कान्ति में लिंगधारण कर सकते हैं क्या?
इसे समझकर भी एक भाजन न हो तो वह दोष हैं।
इस अंग-लिंग का भेद, भेद सकनेवाला ही
कूडलचन्नसंगा, आपका शरण है ॥ 77 ॥

एक दूसरे पर मत्सर दिखाकर
नरक जाने के लिए कहकर श्री गुरु ने लिंग को दिया क्या?

शिवभक्त मद-मत्सर छोड़कर
गुरु लिंग जंगम की सेवा करनेवाले सद्भक्त को
साक्षात् शिव न समझते हैं तो
अघोर नरक में डालेगा कूडलचन्नसंगमदेव ॥ 78 ॥

एक बार भूमि में बोये बीज को
उखाड़ उखाड़कर फिर-फिर बोते जाएँगे तो
वह बीज अंकुरित होकर वृक्ष बनकर
फल कैसे देगा, हे मूर्ख मानव!
गुरु प्रदत्त लिंग को छोड़कर, फिर-फिर धारण करोगे तो,
वह इष्टलिंग अनिष्ट को नष्ट कर
इष्टार्थ को कैसे देगा?
कूडलचन्नसंगय्या में मुक्ति को चाहते हो तो
अंग से न छूटनेवाले लिंग को हमेशा धारण करना चाहिए ॥ 79 ॥

पढ़ने से क्या हो? सुनने से क्या हो?
चाह मिटती नहीं, रोष छूटता नहीं
अभिषेक के लिए देने से क्या प्रयोजन?
वचनारम्भ के शब्द सीखने वाले सब अनुभवी हैं क्या?
अष्टाषष्टि तीर्थों को जानने वाले सब तीर्थवासी हैं क्या?
अष्टविध अर्चन, षोडश उपचार सब करनेवाले
लिंगार्चक हैं क्या? नहीं,
लिंग लांछनधारी होकर सोने-चाँदी के लिए हाथ फैलानेवाले
निर्लज्जों को पसन्द करेगा क्या कूडलचन्नसंगमदेव? ॥ 80 ॥

पढ़े गए वेद में क्या है?
पढ़ने के लिए अगोचर ऐसा लिंगस्थल!
साधे गए शास्त्र में क्या है?
साधने के लिए अगोचर ऐसा जंगमस्थल!
तर्क किए गए तर्क में क्या है?
तर्क के लिए अगोचर ऐसा प्रसादीस्थल!
वेद, शास्त्र, तर्क के लिए अगोचर हैं
कूडलचन्नसंगा, आपके शरण ॥ 81 ॥

सैनिक भक्त हो तो मन का क्रोध छूटता नहीं।
कृषक भक्त हो तो उसका पूर्वाश्रम छूटता नहीं।
ब्राह्मण भक्त हो तो जाति सूतक छूटता नहीं।
व्यवहारी की भक्ति, बातों-बातों में नष्ट हो गई।
राजा की भक्ति ढूँढ़ने पर नहीं मिलेगी।
वेश्या की भक्ति अठारह जाति की जूठन में नष्ट होगी
कूडलचन्नसंगय्या, अभिषेक करनेवाले भवियों को क्या कहोगे? ॥ 82 ॥

आँखें जो देखें वह वस्तु लिंगार्पण योग्य नहीं,
कान जो सुने वह शब्द लिंगार्पण योग्य नहीं,
नाक जो सूँघे वह वस्तु लिंगार्पण योग्य नहीं,
जीभ जो स्पर्श करे वह वस्तु लिंगार्पण योग्य नहीं,
हाथ जो स्पर्श करे वह वस्तु लिंगार्पण योग्य नहीं,
रूप रव गंध रुचि स्पर्श
कूडलचन्नसंगय्या तुम्हारे जानने से प्रसाद बन गए हैं मेरे लिए ॥ 83 ॥

आँखों में शिव की आँख के रहते क्यों नहीं देख सकते?
कानों में शिव के कान के रहते क्यों नहीं सुन सकते?
नासिका में शिव की नासिका के रहते सुगंध क्यों नहीं सूँघ सकते?
जीभ में शिव की जीभ के रहते रुचि क्यों नहीं जान सकते?
स्पर्श में शिव स्पर्श के रहते स्पर्श करना क्यों नहीं जान सकते?
प्राण में शिव प्राण के रहते उसे क्यों नहीं समझ सकते?
काया में शिव काया के रहते क्यों न छूटता, क्यों न अलग रहता
कूडलचन्नसंगय्या से सृजित रहस्य को कोई खोल न सकते ॥ 84 ॥

अँधेरे घर में रहा मनुज
ज्योति को जितना भी याद करे प्रकाश पा सकता है क्या
आग जलाये बिना?
पेड़ की चोटी पर जो फल है वह देखने मात्र से गिरेगा क्या
चढ़कर तोड़े बिना?
जन्मान्ध मुश्किल से जितना भी चले
आँखवाले के हाथ के सहारे के बिना
इच्छित जगह पहुँच सकता है क्या?
वैसे ही, सम्यक् ज्ञानात्मक लिंगार्चन, लिंग निरीक्षण,
लिंगध्यान के बिना

वह स्मरण, निरीक्षण, पूजा
ये सब मुक्ति दिलाते हैं कहनेवाले
मुक्तिहीन मंदमतियों को पसन्द करेगा क्या कूडलचन्नसंगमदेव? ॥ 85 ॥

ईख को पीसता कोल्हू रस की रुचि जानता है क्या?
गगन में उड़नेवाला पंछी रवि का स्वरूप जानता है क्या?
व्यर्थ पूजनेवाले जानते हैं क्या हमारे शरणों का मार्ग?
कमर टूटकर ध्वनि क्षीण होने पर क्या प्रयोजन
जब तक वे लिंग के निजपथ को न जानते हैं?
मृत्युपर्यंत जप करने से क्या हो
लिंग का प्राण अपना प्राण एक न होने तक?
इस प्रकार ये सब अभ्यास शक्ति के बल पर हैं।
हमारे कूडलचन्नसंगय्या में
माया कोलाहल सिद्धराम देव को
अहोरात्रि नमो नमो कह नमस्कार करते
धन्य हुआ देखिए प्रभुदेव जी ॥ 86 ॥

लोहे के कुत्ते की मूर्ति लाकर उसे पारस का स्पर्श कराने से,
वह सोने के कुत्ते की मूर्ति हो सकती है परन्तु पारस न हो सकती!
लौकिक मानव को दीक्षा देकर भक्त बनाएँगे तो
वह वेषलांछनधारी ढोंगी हो सकता है, भक्त नहीं।
'गुरुलिंग चरलिंग भावलिंग प्रसादकम्।
चतुर्विधात्मकज्ञानं लिंगभक्तस्य लक्षणम्॥'
इसलिए कूडलचन्नसंगय्या,
अभिषेक करनेवाले भवियों को कैसे भक्त कहूँ? ॥ 87 ॥

कर्मजात को मिटाकर गुरु पुण्यजात करने के बाद
शिवकुल का नहीं तो कोई अन्य कुल शरण के लिए है क्या?
'शिवधर्मकुले जातः पूर्वजन्म विवर्जितः।
उमा माता-पिता रुद्र ईश्वरं कुलमेव च॥'
कूडलचन्नसंगय्या,
शिवकुल के बिना
आपके शरणों के लिए कोई दूसरा कुल नहीं ॥ 88 ॥

करस्थल शैया होने पर शरण सोने के लिए हाथ फैलाता तो
वह करस्थल नहीं कर्मस्थल हो जाता है।
अंगस्पर्श शैया होने पर शरण
आलिंगन स्पर्श सुख के लिए इच्छा करेगा तो
वह अंगस्पर्श नहीं, वह कर्मस्पर्श है।
मुख शैया होने पर शरण असत्य मुँह से निकालता है तो
वह मुख शैया नहीं, कर्म शैया है।
उत्तमाँग शैया होने पर शरण पूर्व लिखित को मानेगा तो
वह उत्तमाँग नहीं, कर्मांग है।
अमलोक्य (गला) शैया होने पर शरण
अन्नादि के लिए मुँह खोलेगा तो वह व्रतभ्रष्ट है?
कूडलचन्नसंगमदेव ॥ 89 ॥

दासोह का संकल्प करनेवाला भक्त यदि धनहीन हो जाय तो
उसे अपना धन देकर
उस भक्त के साथ मिलकर लिंगार्चन कर
फिर उसे दासोह करके संतुष्ट होने वाला जंगम है।
ऐसे जंगम को मैं नमस्कार करूँगा।
इस प्रकार न करते
पहले अपने धन से दासोह किया था, अब क्यों करे ऐसा
फटकारनेवाले को जंगम कहेंगे क्या? नहीं।
क्योंकि
वह क्रूरी है, दोषी है, वह भवबंधन में पड़ा हुआ है।
कूडलचन्नसंगमदेव ॥ 90 ॥

कपित्व साधक सब उद्रेक से नष्ट हो गए
विद्या साधक सब मतिहीन हो गए
तत्त्व साधक सब भक्तिहीन हो गए
लिंगसाधक सब भू भार हो गए
कूडलचन्नसंगमदेव
आपके बसवण्णा जंगमसाधक हो स्वयं लिंग हो गए ॥ 91 ॥

जंगली पत्ते खाकर देशी बकरी नहीं रह सकती क्या?
गोह एकान्त में न रहेगा क्या?
मेढक न नहायेगा क्या?

घोड़ा ब्रह्मचारी है क्या?
भेड़िया दिगंबर है क्या?
चमगादड़ उलटा लटका हो तो तपस्वी है क्या?
सुनो, कूडलचन्नसंगमदेव
आपको न जानने पर विरक्ति बाहर से कोमल और अन्दर झूठ है ॥ 92 ॥

जो लड़ना न जानता उसे युद्धभूमि क्यों जाना?
जो नपुंसक है उसे गणिका स्त्री क्यों चाहिए?
चलनेवाला शव है तो बोलना क्यों?
पुरातन जो कथनी के अनुसार
करना न जानते वे सब
उजड़े गाँव में सियार, धतूरा खाकर भौंकने के समान देखो
हे कूडलचन्नसंगमदेव! ॥ 93 ॥

कामना किए बिना न देती कामधेनु
संकल्प किए बिना न देता कल्पवृक्ष
चिन्ता किए बिना न देती चिन्तामणि
बिना भावना न देता शिव
बिना कामना के, बिना संकल्प के, बिना भावना के,
दे सकनेवाले केवल तुम्हारे शरण हैं,
कूडलचन्नसंगा ॥ 94 ॥

दैहिक परिश्रम से तन मन से कमाकर धन अर्जित कर
उस अर्जन को गुरु लिंग जंगम के लिए खर्च करके
दासोह करनेवाले भक्त का पाद दिखाओ
क्योंकि उसका शरीर शुद्ध, उसका मन शुद्ध,
उसकी कथनी-करनी पवित्र है।
उसे उपदेशनेवाले गुरु तो निरंजन भव रोगरहित निरामय है।
ऐसे भक्त की काया ही कैलास है, समझकर उसके घर प्रवेश कर
लिंगार्चन कर प्रसाद स्वीकार करनेवाला जंगम ही जगत् पावन है।
ऐसे गुरु जंगमों को नमस्कार करूँगा कूडलचन्नसंगय्या ॥ 95 ॥

काया से लिंगदर्शन, काया से जंगमदर्शन
काया से प्रसाद-सम्पत्ति।

कूडलचन्नसंगय्या
उस काया में आपको देखा ॥ 96 ॥

काया ब्रह्मचारी हो तो क्या
जब तक चाह ब्रह्मचारी न हो?
शब्द मौनी हो तो क्या हुआ
स्मरण मौनी न हो?
तन मुंडा तो क्या हुआ
जब तक मन मुंडन न हो?
इसलिए, कूडलचन्नसंगय्या
आपका शरणस्थल किसी में भी समाता नहीं ॥ 97 ॥

पाद स्पर्शित पदार्थ पादलिंगार्पित
हस्त स्पर्शित पदार्थ हस्तलिंगार्पित
तनु स्पर्शित पदार्थ तनुलिंगार्पित
मन स्पर्शित पदार्थ मनलिंगार्पित
पाद हस्त तन मन न स्पर्शित पदार्थ भूमि पर नहीं।
दिये को न स्मरण करना चाहिए, लिंगार्पित किए बिना लेना नहीं चाहिए।
इसलिए, कूडलचन्नसंगय्या
गुरु प्रदत्त लिंग, लिंग संकेत है ॥ 98 ॥

काषायधारी जंगम है क्या?
बाली मुद्राएँ धारण करनेवाला जंगम है क्या?
केवल सिरमुंडे सब जंगम हैं क्या?
वेषधारी सब जंगम हैं क्या?
अज्ञानी सब जंगम हैं क्या?
भूमि के जो भारस्वरूपी हैं वे क्या जंगम हैं? नहीं
फिर जंगम तो,
सीमारहित निस्सीम है जंगम,
आसक्ति रहित निरासक्त है जंगम,
चिन्तारहित निश्चिन्त है जंगम,
ऐसे जंगम का आना न पाकर
कूडलचन्नसंगय्या खुद ही जंगम बना ॥ 99 ॥

कालामुखी कंगाल हो गया, शुद्ध शैव अचरज में पड़ गया।
पाशुपत मार्ग न जानता, कापालिक मद से नष्ट हुआ।
संन्यासी संसारी बना, जोगी पागल हो घूमता रहा।
इन छह को छोड़ करके कूडलचन्नसंग के शरण
छह से पार अलग ही रहे ॥ 100 ॥

छोटे बीज में बड़ा पेड़ छिपे रहने के समान,
हस्तगत दर्पण में हाथी पहाड़ दिखाने के समान,
जगद्व्यापक परवस्तु खंडिताकार शरीर में
अति सूक्ष्म आकार में रहने के समान,
वह परात्पर शिवलिंग सद्भक्तों के उद्धार की इच्छा से
लिंगाकार में स्थित हो गया है।
'अणोरणियान् महतो महीयान्' होने से
परब्रह्म रूपी लिंग, महद् रूप से अखंड होकर
अणु रूप में खंडित ही दीखता है।
कूडलचन्नसंगमदेव, यह आपकी दिव्य लीला है ॥ 101 ॥

निम्नकुल के शिष्य को दीक्षा देकर, अनुग्रह कर
उसके अंग पर अपने प्राणलिंग का सम्बन्ध कराके
कर्ण में प्रणवमंत्र पठन कर
उसके बाद वह गुरु उस शिष्य के घर में
निम्न जाति के होने से न जाकर
चावल-घी आदि पदार्थ उससे लेकर खाना बनाकर
खानेवाले गुरु के बुरे आचरण पर क्या कहूँ?
अपना प्राणलिंग शिष्य को देने के बाद
खुद उस शिष्य के घर न जानेवाले
व्रतभ्रष्ट गुरु को क्या कहूँ?
ऐसे गुरु शिष्य के धन की इच्छा से गुरु बने,
परन्तु उस शिष्य के लिए सच्चे गुरु न बने
इसलिए, कूडलचन्नसंगय्या,
उस लिंग को बेचकर खानेवाले ढोंगी गुरु
के नष्ट होने के बारे में क्या कहूँ? ॥ 102 ॥

तालाब में हो तो उसे उदक कहोगे
घर में हो तो उसी को पूजा जल कहोगे

दुकान में हो तो धान कहोगे
घर में हो तो उसी को पाक पदार्थ कहोगे
खाना बनाते अन्न कहोगे, देते समय प्रसाद कहोगे
प्रसाद को लेकर भय से जूठन कहोगे तो
उसी दिन व्रतभ्रष्ट होंगे कूडलचन्नसंगय्या ॥ 103 ॥

कीचड़ में कमल पैदा होकर देवमूर्ति के सिर पर चढ़ेगा न?
उच्छिष्ट में, जलमलादि में, समस्त जग में
सूर्यप्रभा हो तो क्या? वहाँ वह फँस गया है क्या?
अस्पृश्य अठारह जाति एक सौ एक कुल में शरण पैदा हो तो
उस जाति कुल के समान रहेगा क्या?
साक्षात् परब्रह्म ही इहलोक में गृहस्थ हो आया समझना चाहिए।
बाह्य में क्रिया रचना,
अन्तरंग में ज्ञान का स्वानुभव सिद्धान्त परिपूर्ण शरण को,
इस मर्त्य में नर प्राणि निन्दा करते हैं।
क्रियाचार रहित, ज्ञान का मूल न समझकर
मैं ही देव समझ अहंकार करनेवाले अनाचारी अस्पृश्यों को
अघोर नरक मिलेगा ही।
कूडलचन्नसंगमदेव में
बसवेश्वर देव साक्षी है ॥ 104 ॥

केश काषायवस्त्र वेष संकेत हो तो क्या?
आहार के लिए भाजन है, लिंग के लिए भाजन नहीं।
इस आशा के वेष को देखे तो
बरसाती पूनम में वेषधारी समझूँगा
कूडलचन्नसंगमदेव ॥ 105 ॥

गिरि शिखर पर करनेवाला तप
एक दिन की गुरुसेवा के लिए बराबर नहीं।
अनंतकाल करनेवाली गुरुसेवा
एक दिन की लिंगपूजा के लिए बराबर नहीं।
अनंतकाल करनेवाली लिंगपूजा
एक दिन की जंगम तृप्ति के लिए बराबर नहीं।
अनंतकाल की जंगम तृप्ति

एक क्षण के आपके शरण के अनुभाव के लिए बराबर नहीं
देखो, कूडलचन्नसंगमदेव ॥ 106 ॥

क्रियारहित भक्त मनुज,
क्रियारहित महेश राक्षस,
क्रियारहित प्रसादी यवन,
क्रियारहित प्राणलिंगी 'भवि',
क्रियारहित शरण अज्ञानी,
क्रियारहित लिंगैक्य जनन के अधीन है
देखो, कूडलचन्नसंगमदेव ॥ 107 ॥

क्रिया ही ज्ञान, ज्ञान ही क्रिया है
ज्ञान का अर्थ है जानना
क्रिया का अर्थ है जानने के अनुसार करना
परस्त्री का भोग न करना चाहिए, यह ज्ञान है
उसके अनुसार आचरण करना क्रिया है
वैसा आचरण न करेंगे तो वही अज्ञान है
देखो, कूडलचन्नसंगमदेव। ॥ 108 ॥

गौरैया दूसरों के घर को अपना घर समझने के समान
भूमि धन और स्त्री अपने हैं समझ
लड़ते-लड़ते मर जाता है जीव,
सब के लिए कर्तृ, कूडलचन्नसंगमदेव है
इसे न जानकर ॥ 109 ॥

गुरु की करुणा से माया छूटी,
गुरु की करुणा से विस्मरण छूटा,
गुरु की करुणा से सांसारिकता छूटी,
कूडलचन्नसंगमदेव,
गुरु की करुणा से छूटा मेरा कर्मपाश ॥ 110 ॥

गुरु के बिना गोष्ठी, लिंग के बिना दृश्य,
जंगम के बिना कार्य, प्रसाद के बिना खाना
इन चारों का अनुराग रहित मिलन
कूडलचन्नसंगय्या के बिना खेल है ॥ 111 ॥

गुरु से हुआ कहूँ? गुरु से न होगा।
लिंग से हुआ कहूँ? लिंग से न होगा।
जंगम से हुआ कहूँ? जंगम से न होगा।
पादोदक से हुआ कहूँ? पादोदक से न होगा।
प्रसाद से हुआ कहूँ? प्रसाद से न होगा।
अपने से होता है, अपने से न होता है देखो
कूडलचन्नसंगमदेव ॥ 112 ॥

गुरु में गुण दोष ढूँढ़ेंगे क्या?
लिंग में रूप ढूँढ़ेंगे क्या?
जंगम में जाति ढूँढ़ेंगे क्या?
ढूँढ़ेंगे तो नरक मिलेगा ही
कूडलचन्नसंगमदेव ॥ 113 ॥

गुरु में गुण दोष ढूँढ़ने तक,
वह गुरु सम्बन्धी नहीं।
लिंग में स्थल ढूँढ़ने तक
लिंग सम्बन्धी नहीं।
जंगम में जाति ढूँढ़ने तक
जंगम सम्बन्धी नहीं।
प्रसाद में रुचि ढूँढ़ने तक
वह प्रसाद सम्बन्धी नहीं।
इसलिए, कूडलचन्नसंगय्या,
अभिषेक करनेवाले, भवियों को क्या कहूँ? ॥ 114 ॥

गुरु में सदाचारी
लिंग में शिवाचारी
जंगम में समयाचारी
इस प्रकार त्रिविधाचार सम्बन्ध अंग में होने पर
अपने समान शीलवान जो नहीं ऐसों के घर के
लोगों का अनुसरण करें तो
कूडलचन्नसंग के शरण
पूर्वाचार्य संगनबसवण्णा न पसन्द करेंगे देखिए ॥ 115 ॥

गुरु-शिष्य सम्बन्ध अभिन्न होने से उसकी क्या उपमा हूँ?
वह सम्बन्ध ज्योति से मिली ज्योति-सा रहना चाहिए
दर्पण में छिपे प्रतिबिम्ब-सा रहना चाहिए
स्फटिक घटान्तर्गत रत्न-सा रहना चाहिए
साकार रूप की छाया के सम्बन्ध-सा रहना चाहिए
इसलिए, कूडलचन्नसंगय्या, गुरु शिष्य सम्बन्ध
दर्पण के लिए दर्पण दिखाने के समान रहना चाहिए ॥ 116 ॥

दीमक घर बनाए तो सर्प के लिए आश्रय बना था
वेश्या घर बनाए तो जूठन के लिए आश्रय हुआ था
बसवण्णा घर बनाए तो प्रसाद के लिए आश्रय मिला था
कूडलचन्नसंगमदेव, तुम ही साक्षी हो ॥ 117 ॥

गाय के पेट में घी हो तो क्या
वह गाय दिन-ब-दिन पुष्ट होगी क्या?
इसलिए, उस गाय को पालकर, दुहकर, गरम कर
घी बनाकर उस गाय को पिलाएँगे तो
वह गाय दिन-ब-दिन पुष्ट होगी।
उसी प्रकार, अपने पास वस्तु हो तो क्या हुआ?
वस्तु को गुरुमुख से करतल में प्राप्त कर
सत्क्रिया से प्राण के लिए अर्पित किए बिना प्राणलिंग न होगी
कूडलचन्नसंगय्या में
इष्टलिंग को सत्क्रिया से प्राण को अर्पित कराके
अहंरूपी अप्रिय को भगाए बिना
प्राणलिंग सम्बन्ध असम्भव है ॥ 118 ॥

शरीरान्तर्गत पदार्थ
उस शरीर से बाहर तपाए बिना परिपक्व न होगा।
उसी तरह, अन्तरंग में चिद्वस्तु है
संस्कार बल से जब तक प्रकट न हो
अन्तरंग में जो भवरोग है वह दूर न होगा।
इसलिए, कूडलचन्नसंगमदेव
अर्चन, अर्पण, अनुभवादि से आप हमें प्राप्त होंगे ही ॥ 119 ॥

जंगम को महान कहूँ?
माँगने से उसकी महत्ता घटी थी।
लिंग को महान कहूँ?
शिल्पी के हाथ से बनकर छोटा बना था।
भक्त को महान कहूँ?
तन मन धन को जंगम के लिए अर्पण करने में
प्रवंचना से छोटा बना था।
इस प्रकार ये त्रिविध परिपूर्ण न हो तो
कूडलचन्नसंगमदेव, इन्हें कैसे पसन्द करेगा? ॥ 120 ॥

जंगम आए इसलिए लिंगार्चन करना
जंगम के आने पर अपना लिंगार्चन रोकना चाहिए।
रोककर जंगमार्चन करना चाहिए।
लिंग में क्या है? जंगम में क्या है, कहे तो
लिंग में फल है, पद है
कुल है, संकल्प है, भव है।
जंगम में फल नहीं, पद नहीं
कुल नहीं, संकल्प नहीं, भव नहीं।
इसलिए कूडलचन्नसंगमदेव
जंगम ही लिंग मानने से
बसवण्णा स्वयं लिंग हो गया ॥ 121 ॥

जंगमभक्त को सोना ईख और चन्दन के समान होना चाहिए
वह इस प्रकार है :
उस सोने को तपाए, गलाए, काटे-कूटे तो
उसका रंग अधिक ही होगा, कम न होता है,
वह मुझे क्यों घायल किया, ऐसा न कहेगा।
उस ईख को काटेंगे, तोड़ेंगे तो
कोल्हू में निचोड़कर रस निकालने पर भी
अनेक प्रकार से थकाने पर भी
और मधुर होगा, कड़वा न होगा।
वह मुझे क्यों दुखाया ऐसा न पूछेगा।
उस चन्दन को काटने से, घिसने से, लेपने से
आग में डालने पर भी

उसका गंध अधिक ही होगा न कि दुर्गंध देगा
अपने में दुखी न होगा।
इन त्रिविध के गुणों की तरह
भक्त अपने गुण को न छोड़ता है, इसलिए
वह सद्भक्त है, माहेश्वर है, प्रसादी है
प्राणलिंगी है, शरण है, ऐक्य है।
इस प्रकार षट्स्थल सम्पन्न होने के लिए
जंगमभक्ति ही मूल कारण है,
कूडलचन्नसंगमदेव ॥ 123 ॥

जंगम लिंगमोहित हो तो
उसे अपने कुलगोत्र मोह को भूल जाना चाहिए।
जंगम लिंगभक्त हो तो
पूर्व कुल मिलाना नहीं चाहिए।
जंगम लिंगपूजक हो तो
मानवों को न पूजना चाहिए।
जंगम लिंगनिष्ठ हो तो
धन में कंजूसी नहीं करनी चाहिए।
जंगम लिंगप्रसादी हो तो
माँगने पर न नहीं कहना चाहिए।
जंगम लिंगप्राणी हो तो
जंगम को संकेत की निन्दा न सुनी जानी चाहिए।
इसलिए कूडलचन्नसंगय्या में
यह छह स्थल सहित जंगम की लिंगभक्ति है ॥ 123 ॥

करतार को हाथ में लेकर माँगनेवाले
कपटियों को क्या कहूँ?
माँगना नहीं चाहिए भक्त को, सताना नहीं चाहिए 'भवि' को
माँगकर सताकर पेट भरेगा तो
शिकारी किए खरगोश को
कुत्ते काट कर छोड़े उसके मांस से खाना बनाकर
खाने के समान है, कूडलचन्नसंगमदेव ॥ 124 ॥

तालाब से चुराकर पानी लाकर
अभिषेक करानेवाले सब शीलवान हैं क्या?

भवि का भोजन नहीं चाहिए कह उसी का
भोजन करनेवाले उदपोषक सब शीलवान हैं क्या?
वे शीलवान नहीं।
भूख मिटाकर, व्यसन में तपकर
व्याप्तियाँ वहीं समाप्त होकर
अष्टमद में जलकर, नष्ट होकर
तनगुण शमन हो तो
कूडलचन्नसंगय्या में उन्हें शुद्धशील कहूँगा ॥ 125 ॥

जाति के बल पर जंगम बनना चाहिए कहनेवाले पातकियो सुनो :
जाति महान् है या गुरुदीक्षा महान् है?
जाति महान् हो तो, वह जाति ही गुरु होना चाहिए न
उसी में गुरुदीक्षा पाकर, गुरुकरजात होकर
जात मिटाकर पुनर्जात हुए ऐसा क्यों चिल्लाते हैं?
जाति के बल पर मिटा क्या जातितम?
अजात का कौन-सा कुल है?
किसी भी कुल का हो तो क्या हुआ
देव जिसको चाहता है वही कुलज है।
इसे समझकर,
चतुर्जाति से आए जंगम ही श्रेष्ठ समझ
उसके साथ चलकर, जाति जूठन खानेवाले होकर
अन्य जंगम कुल को श्रेष्ठ बताकर, उसका निराकरण कर
कुल रूपी सर्प के काटने से, जूठन रूपी अमेध्य खाकर
सुअर कुत्ते के समान पेट भरनेवाले तीर्थ दर्शन में ही लगे लोग
जंगम पथ के लिए योग्य न होने से,
उन्हें गुरु नहीं, गुरु प्रसाद नहीं,
लिंग नहीं, लिंग प्रसाद नहीं,
जंगम नहीं, जंगम प्रसाद नहीं।
इस प्रकार त्रिविध दासोह के लिए योग्य नहीं ऐसे नरजीवियों को
स्वयं चर पर लिंग मानकर आराधना करके प्रसाद सेवन न करना चाहिए
कूडलचन्नसंगमदेव ॥ 126 ॥

जाति का मैल छूटता नहीं, जनन का मैल छूटता नहीं
प्रेत का मैल छूटता नहीं, रज सूतक छूटता नहीं

जूठन मैल छूटता नहीं, भ्रांति सूतक छूटता नहीं
वर्ण मैल छूटता नहीं,
तब ये कैसे भक्त हैं?
लेपन कर क्षुद्रदेवता बनाकर
मुँह में गुड़ लेपन करने से
सद्गुरु लिंग नाक काटे बिना रहेगा क्या?
जंगली आग के हाथ में घास
कटवाने के समान होनी चाहिए भक्ति।
पीछे न घास की ढेर, न आगे घास
इसलिए कूडलचेन्नसंग का भक्तिस्थल
आपके शरण को छोड़कर अन्यों को सम्भव नहीं ॥ 127 ॥

ज्ञानामृतजलनिधि पर लौकिक संसार रूपी काई पड़ गई है।
पानी लेनेवाले आकर निकालने पर भी काई नहीं जाती।
पुन: काई जमने से रोको जी।
तब भी 'याद करते रहे' इस उद्देश्य से गुरु ने मुझे
अपना प्रसाद कह करस्थल लिंग को दिया ताकि दिवारात्रि
अपने को जानूँ।
तालाब का पानी पीकर नाले के पानी की प्रशंसा करनेवाले
अधपागलों को पसन्द करेगा क्या हमारे कूडलचन्नसंगमदेव? ॥ 128 ॥

बासी पाथेप बाँधकर पेट पर रख लेने से
भूख मिटकर तृप्ति मिलेगी क्या?
अंग पर लिंग होने से क्या प्रयोजन
अंग और लिंग के ऐक्य का रहस्य जो नहीं जानते?
गुरुपत्नी गमनी पंच महापातकी है। वह इस प्रकार है—
अंग में लिंग मिल जाना चाहिए,
लिंग में अंग मिल जाना चाहिए।
इसलिए
सभी अंग सम्बन्धी हैं, लिंग सम्बन्धी विरले ही हैं
कूडलचन्नसंगमदेव ॥ 129 ॥

श्राद्ध करनेवाले क्रूरकर्मियों के घर में
मद्य और मांस भोजन है। वह लिंग के लिए प्रसाद नहीं।

मनौती पर करनेवाले भक्त के घर में जो बनता है वह
दंड के समान व्यर्थ है,
वह लिंग के लिए प्रसाद नहीं।
हर वर्ष नियमानुसार श्राद्ध घर में होता है
तब समूह को भोजन खिलाये तो
वह कीर्ति की खबर हो सकती है, लिंग के लिए प्रसाद नहीं।
इन त्रिविध के द्वारा करनेवाला भक्त नहीं,
ऐसे लोगों के घर जाकर सेवा लेनेवाले जंगम नहीं,
कूडलचन्नसंगय्या, ये त्रिविध नरक के लिए कारण हैं ॥ 130 ॥

अपने आप में बैठकर मनमाने
महालिंग के बारे में बता रहे हैं देखो।
गुरु कारुण्य पाए बिना, स्वर बिन्दुओं को रोके बिना
शिवशरणों के सामने जोर से बता रहे हैं देखो।
कूडलचन्नसंगय्या में जनसमुदाय
मारे बिना झूमते हैं, जाने बिना बोलते हैं ॥ 131 ॥

तन कामी हुए बिना,
मन कामी हुए बिना,
धन कामी हुए बिना,
अशन-वसन कामी हुए बिना
लिंग कामी हो तो
उन्हें कूडलचन्नसंगय्या कहूँगा ॥ 132 ॥

तनुगुण संकर होने से प्रसादसंग नष्ट हुआ
मनगुण संकर होने से, लिंगसंग नष्ट हुआ
लोभगुण संकर होने से, जंगमसंग नष्ट हुआ
इन त्रिविध के होने और हानि को न जानते हुए
भव घोर नरक के शिकार हुए।
इसलिए कूडलचन्नसंगय्या,
इन त्रिविध का आनुभाविक
बसवण्णा को 'नमो, नमो' कह नमस्कार करता हूँ ॥ 133 ॥

तन गुरु में क्षीण होकर

मन लिंग में क्षीण होकर
धन जंगम में क्षीण होकर
तन ही गुरु होकर, मन ही लिंग होकर
धन ही जंगम होकर,
इस प्रकार त्रिविध ऐक्य होकर आपमें स्थिर होने से
काया द्वारा कर्म रहित हुए
कूडलचन्नसंगमदेव में
संगनबसवण्णा उपमातीत हैं ॥ 134 ॥

तन मन धन एक होने से
सुप्रभात समय में,
'हे लिंग शरणु, हे जंगम शरणु, हे प्रसाद शरणु'
कहकर नमस्कार करूँगा, देखो जी
ये त्रिविध गुण सम्पन्न
कूडलचन्नसंग के शरण महामहिम हैं ॥ 135 ॥

तन मन न थकाए उद्दंडता से धन कमाकर
गुरु लिंग जंगम के लिए उससे खर्च करके
दासोह कर, 'हम भक्त बन गए' ऐसा कहनेवालों का
मुँह मुझे मत दिखाओ।
क्योंकि—वह परधन चोर है, वह पापी है
उसे उपदेश देकर गुरु रौरव नरक जाएँगे।
उसका कायक क्या है यह न जानकर उसके घर जाकर
लिंगार्चन करनेवाले जंगम को लगेगा सातवाँ पाप
ऐसे लोगों का जीवन,
बाघ गाय को खाकर बचे को सियार खाने के समान
कूडलचन्नसंगमदेव ॥ 136 ॥

तन आपका आलिंगन कर महान् तन होने पर
तन और कहाँ रहेगा?
मन आपका आलिंगन कर महान् मन होने पर
मन और कहाँ रहेगा?
भाव आपका आलिंगन कर निर्भाव होने पर
भाव और कहाँ रहेगा?

इस प्रकार ये त्रिविध, लिंग में निर्लेप होकर
आकार रहित होने का रहस्य
कूडलचन्नसंगय्या ही जानता है ॥ 137 ॥

तन का स्पर्श कर, मन न स्पर्श करके दूर हो गए वेश्या की तरह।
वेश्या तन स्पर्श कर आलिंगन करेगी मगर मन स्पर्श कर गले न लगेगी।
आचार से अनभिज्ञ अधपागल शिवसुख को क्या जाने
कूडलचन्नसंगमदेव? ॥ 138 ॥

तन देकर तन निःशून्य हो गया
मन देकर मन निःशून्य हो गया
धन देकर धन निःशून्य हो गया
इन त्रिविध को देकर, कूडलचन्नसंगय्या में
बसवण्णा के लिए शून्य समाधि हो गया ॥ 139 ॥

अपने तन को समर्पित किया भक्त ने
अपने मन को समर्पित किया भक्त ने
अपने धन को समर्पित किया भक्त ने
अपने अन्तरंग के आत्मसुख के लिए
इन त्रिविध को श्री गुरु के कहने पर छोड़नेवाले
व्रतभ्रष्टों को मत दिखाओ कूडलचन्नसंगमदेव ॥ 140 ॥

तन शुद्ध हुआ गुरु से
मन शुद्ध हुआ लिंग से
धन शुद्ध हुआ जंगम से
प्राण शुद्ध हुआ प्रसाद से
इस प्रकार चतुर्विध से मेरा सर्वांग शुद्ध हुआ
कूडलचन्नसंगमदेव ॥ 141 ॥

अपने को त्याग कर ही सही, निक्षेप लेना न जाननेवाले
कायरों से क्या प्रयोजन?
जंगली सुअर, सियार का झुंड जंगल में
साथ होते नहीं क्या?
बड़ा सुअर कुत्तों के समूह में

होता नहीं क्या?
अपने-अपने अन्धतम को दूर किए बिना
दूसरों को उपदेश देकर पेट भरनेवाले चतुर सब बड़े हैं क्या?
दूसरों के बच्चों को कुएँ में ढकेलकर गहराई
देखनेवालों को कूडलचन्नसंगमदेव कैसे मिलेंगे? ॥ 142 ॥

अपने प्यारे पुत्र-मित्रादि
परदेश में है इस भाव में जो आनन्द मिलेगा
उससे ज्यादा आनन्द मन स्पर्श कर स्मरण करने में मिलेगा।
मन स्पर्श कर स्मरण करने के सुख से ज्यादा सुख
उनको गले लगाने से मिलेगा।
एक बार गले लगाकर आलिंगन करने के सुख से
उनके साथ सदा मिले रहने में सुख अधिक मिलेगा।
इस प्रकार के दृष्टान्त के समान ही
परशिव लिंग के भाव में भावना करने से
मन स्पर्श कर स्मरण करना,
मन स्पर्श कर स्मरण करने की अपेक्षा आँख स्पर्श कर स्मरण करना,
आँख स्पर्श कर स्मरण करने से हाथ स्पर्श कर पूजना
हाथ स्पर्श कर पूजन से
हमेशा अंग पर धारण करने का सुख
परमावधि का होगा।
इसलिए, कूडलचन्नसंगय्या के शरण
भाव से मन में, मन से नेत्र में, नेत्र से कर में,
उस शिवलिंग को आवाहन कर
पूजादि सत्क्रियाओं को बिना चूके, बिना अलसाए
आचरण करते रहते हैं ॥ 143 ॥

अपने घर न आनेवाले गुरु से कारुण्य प्राप्त करनेवाला शिष्य
और शिष्य के घर नहीं जानेवाला गुरु
'नामधारक शिष्याणां नामधारी गुरुस्तथा।
अन्धकोअन्धक(स्या)सक्तो भवेतां पतितातुभौ।'
इन दोनों को जो भक्त कहते हैं उन्हें कूडलचन्नसंगमदेव
घोर नरक में डालेगा ॥ 144 ॥

अपने इष्टलिंग को अर्पित किए बिना न लूँगा कहनेवाले शरण को
धूप में खड़े हो तो, उस धूप को लिंगार्पित करना चाहिए।
छाया में खड़े हो तो छाया को लिंगार्पित करना चाहिए।
धूप दीप परिमल वायु रुचि रूप को
काया के हाथ से अर्पित करना असाध्य नहीं, भाव के हाथ से भी स्पर्श कर
लिंग को अर्पित करना चाहिए ऐसा कहते हैं।
परन्तु हम इसे न जानते हैं।
शब्द स्पर्श रूप रस गंध को निरवयव लिंग में,
इस रीति को जानता हो तो वही
कूडलचन्नसंगय्या में महाप्रसादी है ॥ 145 ॥

अपने सत् कायक से प्राप्त विशुद्ध वस्तु को लिंग को समर्पित कर
उस लिंग प्रसाद को उसे भोगना है, उसके बदले
वह स्थूल या सूक्ष्म है उसे न जानकर
अंग सुख के लिए लिंग को भूलकर
जो भी वस्तु मिलती है उसका भोग करेंगे तो वह अंगारे-सा हो जाएगा
इस मर्म को जब तक न जानेंगे
कूडलचन्नसंगय्या में वे कैसे सद्भक्त होंगे ॥ 146 ॥

अपने से न मिले ऐसा किया
अपने समीप न आए ऐसा किया
काम को आँखों के सामने खड़ा किया
विधिनियम को लाकर आगे किया, देखिए।
प्रसाद साधकों को यही विघ्न है।
कूडलचन्नसंगमदेव ने
अपने से न मिले ऐसा किया ॥ 147 ॥

तरुतले बैठे अनंतकाल से तपस्या करने से
एक दिन की गुरु चरण सेवा काफी नहीं है क्या?
अनंतकाल गुरु चरण सेवा करने से
एक दिन की लिंगपूजा काफी नहीं है क्या?
अनंतकाल लिंगपूजा करने से
एक दिन की जंगम तृप्ति काफी नहीं है क्या?
अनंतकाल की जंगम तृप्ति से

एक पल आपके शरणों का अनुभाव काफी नहीं है क्या?
कूडलचन्नसंगमदेव? ॥ 148 ॥

वह स्वयं भविगुण से घृणा कर भक्त होने के बाद
फिर से माँ-बाप बन्धु-बान्धव जो 'भवि' थे
उनके साथ पुनः मिलकर रहे तो
पहाड़ी मारी देवता को बलि होना चूकता नहीं।
गीली मिट्टी से बना घड़ा
आग से जलकर शुद्ध होने के बाद
वह अपने पूर्वस्थिति के साथ नहीं जाता
इसलिए भक्त होकर, 'भवि' के बन्धु होने से और पंक्ति में बैठाकर
भोजन करे तो पंचमहापातक
और घोर नरक से छूट नहीं
कूडलचन्नसंगय्या ॥ 149 ॥

जो तापत्रय रहित है, जो अपनी व्याप्ति को नहीं जानता है,
जो रात-दिन ऐसा मन में नहीं सोचता है
जो ताल ओष्ठ सम्पुट में न आनेवाला है
भवच्छेद, कामभंजन, कायरहित
कालजित, मायारहित, और अन्य को न जानता है
वह हमारे कूडलचन्नसंग को जानकर सुखी हो गया ॥ 150 ॥

स्वयं चखे बिना लिंग को नहीं अर्पित करना चाहिए,
क्योंकि लिंग नहीं जानता मिठास कड़वाहट क्या है?
कड़वाहट निकालकर मीठे को न देकर लेने से वह अशुद्ध होता है
कूडलचन्नसंगमदेव ॥ 151 ॥

तरल घी और घन घी में भेद है क्या?
दीप और दीप्ति में भिन्नता है क्या?
आत्मा और देह में भेद है क्या?
क्षीर और स्वाद में भेद है क्या?
इसलिए, साकार को ही निराकार समझें
अंग और लिंग सम्बन्ध रहितों का संग हानिकर होने से
कूडलचन्नसंग के शरण इसे—पसन्द नहीं करते, अल्लम प्रभु जी! ॥ 152 ॥

नारियल के अन्दर जो सार है उसका सेवन हो सकता है
न कि बाहर का कड़ा छिलका।
चांडाल में ज्ञान अंकुरित हो तो
उसके अन्तरंग की वृत्ति के लिए पूज्यता है
न कि बाह्य तन को पूज्यता।
अन्दर-बाहर का भेद न होकर
सेवन करने योग्य होने से
शिवकुल प्रसूत को शिवज्ञान होने से
उसकी तन वृत्ति दोनों मिलकर सेव्य हैं।
यह है साधक की स्थिति, कूडलचन्नसंगमदेव ॥ 153 ॥

लिंग अखंड टूट गया समझ
तन पर शस्त्र से हत्या कर लेते
शिवद्रोही का मुख देखा न जाता।
पत्थर तोड़नेवाला छूकर काटते समय
क्या प्राणलिंग टूट गया था?
भावलिंग टूट गया क्या?
परन्तु पूजालिंग टूट गया न!
इस प्रकार की अव्यक्त लिंग के रहस्य को
कोई न समझता।
इष्टलिंग गिर पड़ा ऐसा व्यर्थ भाव देखो
कूडलचन्नसंगमदेव ॥ 154 ॥

दान करनेवाले क्रूर कर्मियों के घर में
मांस-मज्जा के बिना लिंग के लिए और आहार नहीं
साल में एक दिन तिथि करनेवाला भक्त
घर में समूह को भोजन देकर कीर्ति पाएगा मगर
भक्त के घर में लिंग के लिए आहार नहीं।
त्रिविधों द्वारा करनेवाला भक्त नहीं।
उसके घर जाकर लिंगार्चन करवा लेनेवाले को
जंगमस्थल लभ्य नहीं।
यह त्रिविध भक्ति नरक के लिए भाजन है।
कूडलचन्नसंगमदेव, तुम्हीं साक्षी हो ॥ 155 ॥

दासी का संग करने से कचरा और पानी ढोना पड़ा था
वेश्या का संग करने से जूठन खाना पड़ा था
परस्त्री संग से पंचमहापातक भोगना पड़ा था
इस प्रकार त्रिविध नास्ति होने तक भक्ति नहीं
कूडलचन्नसंगमदेव ॥ 156 ॥

दासी संग करने से पवित्र जल दूर हुआ था।
वेश्या का संग करने से प्रसाद दूर हुआ था।
परायी स्त्री संग से देव कारुण्य दूर हुआ था।
इस प्रकार त्रिविध नास्ति हुए बिना भक्ति नहीं
कूडलचन्नसंगमदेव ॥ 157 ॥

दासी का संग, भांग का सेवन,
वेश्या का संग, सुरा का सेवन,
परस्त्री का संग, मांस का सेवन,
विधवा का संग, अमेध्य का सेवन,
कन्या का संग, रक्त का सेवन,
इस प्रकार पाँचों का संग करनेवाले द्रोही को
कंठपावड़, धूळपावड़, सर्वांगपावड़ के आचरण हैं
कहनेवाले महापापियों को
न गुरु है, न लिंग, न जंगम, न पादोदक, न प्रसाद
न तुम पहले ही हो
कूडलचन्नसंगमदेव॥ 158 ॥

धन देकर दानी हुआ, तन देकर वीर बना,
मन देकर दूसरों के वश में हुआ
इन त्रिविध से परे दे सके तो
कूडलचन्नसंगय्या में वही लिंगैक्य है॥ 159 ॥

धरा गगन को मैं नहीं जानता।
'लिंगमध्ये जगत्सर्वं' को मैं नहीं जानता।
लिंग सुख के स्पर्श से 'शिव शिव' जपता रहा मैं।
कूडलचन्नसंगय्या

सागर में पड़े ओले के समान
भिन्न भावरहित होकर 'शिव शिव' जपता रहा॥ 160 ॥

धरा को अशौच है क्या? सागर को अशुद्धि है क्या?
जलती अग्नि को जातिभेद है क्या?
बहती हवा की सीमा है क्या?
आसमान को रास्ता, सीमा है क्या?
इनसे बने शरीर को कौन अशुद्ध कहेंगे?
कूडलचन्नसंगमदेव
आपके शरण के लिए सारतत्त्व ही कर्म है॥ 161 ॥

भूमि पर दीखते वेषलांछनधारी सब
अठारह जाति के घर की भिक्षा खाकर भ्रष्ट हुए।
पत्थर पर बैठ बड़े बुजुर्ग वायु भिक्षा खाकर भ्रष्ट हुए
पहाड़ पर रहते तपस्वी सब वन भिक्षा खाकर भ्रष्ट हुए
बिना जाने, इन्द्रियों में पड़कर, नरक जानेवालों को
बड़े बुजुर्ग समझ मत दिखाओ मुझे।
सब प्रकार के भ्रम से मुक्त महन्त को मुझे दिखाओ,
कूडलचन्नसंगमदेव॥ 162 ॥

धीर वीर सभी तलवार की नोक के निशान बने देखो
धनसम्पन्न सब राजाओं के अधीन हुए
सौन्दर्यसम्पन्न सब स्त्रियों के लक्ष्य बने
गुणसम्पन्न सब बन्धुओं के निशान हुए
ज्ञानसम्पन्न बसवण्णा लिंग के योग्य बने
कूडलचन्नसंगमदेव॥ 163 ॥

विश्वास के बिना निष्ठा स्थिर न होगी,
निष्ठा स्थिर हुए बिना सतर्कता न आएगी,
सतर्कता आए बिना अनुभव मनाकर्षक न होगा,
अनुभव के बिना आनन्द न दिखाई पड़ेगा,
आनन्द के बिना शिवलिंग में समरस न होगा।
इन छह प्रकार की भक्ति का मूल जानेंगे तो
उन्हें भक्त कहूँगा, महेश्वर कहूँगा

नहीं तो उन्हें शुद्ध भवी कहूँगा
कूडलचन्नसंगमदेव॥ 164 ॥

कथनी और करनी का चैतन्य रहने तक
देहभाव के गुण किसी को भी छोड़ते नहीं।
देखनेवाला नयन, सुननेवाला श्रोत्र,
सूँघता घ्राण, स्पर्श करनेवाला त्वचा, रुचि लेता जिह्वा,
स्पर्श करते ऐसा मत समझना।
देखते, सुनते, सूँघते, स्पर्श करते, रुचि लेते
लिंगार्पित करनेवाले
लिंग भोगोपभोगी प्रसादी का
सर्वांग शुद्ध हुआ है।
कायत्रयों, जीवत्रयों और
भावत्रयों को एक करके सुख-दु:ख, गुण-निर्गुण रूपी उभय को
लिंग में एक करके,
हाँ, नहीं, चाहिए, न चाहिए आदि संशय को दूर करना
कूडलचन्नसंग के आद्य पुरातनों के
आचरित मार्ग है॥ 165 ॥

नदी कूप तालाब में चुराकर उदक लाकर
अभिषेक करनेवाले शीलवान हो सकते हैं क्या?
भोजन में भविभोजन और परभोजन कहकर सेवन करनेवाले
उदरपोषक सब शीलवान हैं क्या? नहीं
भूख, तृषा, व्यसन आदि को जलकर,
करणवृत्ति सब लिंग में तल्लीन होकर
तन के बुरे गुण सब समाप्त हो तो
कूडलचन्नसंगय्या मैं उन्हें शीलवान कहूँगा॥ 166 ॥

हमारे आद्य पुरातन शरण प्रसाद के अनुसार चले।
चूके बिना आचरण किया।
आचरण के अनुसार बिना चूके बोले।
ऐसे पुरातनों के वचनों को द्विधा बिना प्रशंसा कर
तन मन धन को द्विधा के बिना समर्पण करनेवाले
भक्तों का भक्त मैं हूँ, सेवक का सेवक हूँ
कूडलचन्नसंग के शरण ही साक्षी हैं॥ 167 ॥

नर रूपी पूर्वाश्रय नष्ट कर गुरु बना।
शिला रूपी पूर्वाश्रय नष्ट कर लिंग बना।
जातिसूतक रूपी पूर्वाश्रय नष्ट कर जंगम बना।
जूठन रूपी पूर्वाश्रय नष्टकर प्रसाद बना।
इस प्रकार चतुर्विध पूर्वाश्रय नष्ट कर सकने से
हे कूडलचन्नसंगा, आपका शरण स्वतंत्र है॥ 168 ॥

मैं जिस भूमि पर पैर रखता हूँ
उसे भक्त बनाए बिना उस पर नहीं पैर रखूँगा।
मैं जिस आकाश में सूर्य-चन्द्र देख रहा हूँ
उन्हें भक्त बनाए बिना नहीं देखूँगा।
मैं जिस जल का उपयोग करता हूँ
उसे भक्त बनाए बिना उपयोग नहीं करूँगा।
मैं जिन अठारह धान्य को लेता हूँ।
उन्हें भक्त बनाए बिना न लूँगा
कूडलचन्नसंगा आपकी कसम॥ 169 ॥

कुत्ता क्या जानता है भगवान का चढ़ाया भोग?
द्रोही क्या जानता है गुरु लिंग जंगम को?
अज्ञानी क्या जानता है सुज्ञानी का रहस्य?
सुअर क्या जानता है भक्षभोजन का स्वाद?
आचार के लिए प्राण समान संगनबसवण्णा के बिना
गुरु लिंग जंगम को, ये भूत प्राणी क्या जाने
कूडलचन्नसंगमदेव? ॥ 170 ॥

निन्दा स्तुति करनेवाले बुरी आदतवालों को
दुराचरण करनेवालों को
भक्त और लिंगवंत नहीं मानते देखो।
निन्दा ही पातक होने से
भक्तों की निन्दा कर पातक में पड़नेवाले
गन्दे लोगों को देखा न जाता
कूडलचन्नसंगमदेव॥ 171 ॥

निष्ठावान को नित्य व्रत नियम का ऋण क्यों?
सत्यवान को तत्त्व विचार का ऋण क्यों?

ज्ञानी को पूजा जल का ऋण क्यों?
मन शुद्ध वाले को मंत्र का ऋण क्यों?
भाव शुद्ध वाले को पुष्प का ऋण क्यों?
कूडलचन्नसंगय्या
आपके ज्ञाता को आपका ऋण क्यों? ॥ 172 ॥

निधि को खोदने जाएगा तो
विघ्न का आना चूकेगा क्या?
सदाशिव की पूजा करने गया तो
सारी विपत्तियाँ घेर लेती हैं।
तब भी छाती ताने खड़ा हो सकता है तो
निर्मल सुख देगा, हमारे कूडलचन्नसंगमदेव॥ 173 ॥

दान को मन से, निष्ठा से न देने से नष्ट हो गया मैं,
सेवा करके भी मन:पूर्वक न करने से नष्ट हो गया।
प्रवंचना युक्त संसार द्वारा
पेट भरते हुए मैं भवभारी हो गया।
वंचना रूपी कीचड़ में पड़कर पशुवत् हो गया।
मेरे अवगुण को मत देखो
और मुझ पर करुणा दिखाओ
मेरा भव पाश तोड़ो और मुझ पर करुणा दिखाओ
हे महादानी, कूडलचन्नसंगमदेव॥ 174 ॥

भाल नयन हो सकते हैं
पाँव में चक्षुवाले हो सकते हैं
तन सारा आँखवाले हो सकते हैं
पंचमुखी हो सकते हैं
अंग लिंग सम्बन्धी होना कठिन है
अंग लिंग सम्बन्धी हो सकते हैं
कूडलचन्नसंगमदेव में
परन्तु लिंगैक्य होना कठिन है॥ 175 ॥

भाल नयन, सम्राट हो तो क्या हुआ
अंग पर लिंग सम्बन्ध न हो तो

उनके घर में बनाए भोजन लेंगे तो
श्वान जन्म नरक चूकता नहीं, इसे जो जानते वे
शिवभक्त जो नहीं उनके यहाँ खायेंगे तो
जन्म जन्म तक कुत्ते का जन्म पाना चूकता नहीं।
हे शिव, जहाँ तुम न हो, उस घर में खाने के लिए
मेरा मन मानता नहीं, कूडलचन्नसंगमदेव॥ 176 ॥

देखनेवाली दृष्टि आप हैं ऐसा समझा
सुननेवाला श्रोत्र आप हैं ऐसा समझा
सूँघनेवाला घ्राण आप हैं ऐसा समझा
छूनेवाला स्पर्श आप हैं ऐसा समझा
स्वाद देनेवाला जिह्वा आप हैं ऐसा समझा
मेरे करणेन्द्रिय आपके किरण होने से
कूडलचन्नसंगय्या, मैंने आपसे माँगा नहीं
प्यार से तुम्हारे न देने पर॥ 177 ॥

पंचामृत सेवन से क्या हुआ? मल-मूत्र विषय वासना जहाँ प्रधान हो
भ्रम में न पड़ो मूर्ख, छोड़ो कायागुण।
आशा आमिष अशन व्यसन में बड़े बूढ़े का प्रश्न कहाँ?
भ्रम में न पड़ो मूर्ख, छोड़ो कायागुण।
इस भेद को भेद सके तो कूडलचन्नसंग के शरण को
सान में घिसे चन्दन-सा रहना चाहिए॥ 178 ॥

परंज्योति वस्तु
उपदेश देकर गुरु
करतल में आकर लिंग
विस्तृत संसार को मिटाकर दासोह करवाके जंगम बनी।
वह गुरु लिंग जंगम एक ही है भिन्न नहीं।
तीनों को तीन देकर तीनों को एक कर सका तो
वह भक्त शुद्ध प्रसादी है देखो, कूडलचन्नसंगमदेव॥ 179 ॥

पारस रूपी राजा के लिए लोहा रूपी परिवार की तरह,
रुष्ट होकर स्पर्श करे तो भी सोना बनना चूकता नहीं,
स्नेह से स्पर्श करे तो भी सोना बनना चूकता नहीं।

पारस लोहे के मिलने के समान है
कूडलचन्नसंग के शरणों का सान्निध्य॥ 180 ॥

पारस के पर्वत में लौह कैसे?
अष्टविध अर्चन, षोडश उपचार समाहित में
अवगुण कैसे?
भक्त काय मम काय
कूडलचन्नसंगमदेव॥ 181 ॥

पारस के स्पर्श से लोहा सोना बनने के समान
पुण्य-पाप नहीं, स्वर्ग-नरक नहीं है आपके लोगों को
कूडलचन्नसंग आपके शरण भव रहित हैं॥ 182 ॥

पाताल का पानी रस्सी के बिना निकाल सकते हैं क्या
सोपान के होते हुए भी
शब्द सोपान बनाकर चलाया पुरातन शरणों ने
यह देवलोक के लिए मार्ग है जानिए,
मर्त्यलोकवासियों के मन के मैल को मिटाने
वचनवाणी रूपी ज्योति को प्रकाशित कर दिया
कूडलचन्नसंग के शरणों ने॥ 183 ॥

पुरातन शरणों के वचन सीखकर बतानेवालों को क्या कहोगे?
उसे बैठकर सुननेवालों को क्या कहोगे?
उसके लिए जो मन लज्जित न करते ऐसों को क्या कहोगे?
इसलिए,
कूडलचन्नसंग में शब्द नष्ट न होनेवालों को क्या कहोगे? ॥ 184 ॥

अप्रतिम लिंग टूट गया समझ
अपने शरीर पर शस्त्र प्रहार कर लेनेवाले
आत्मघाती का मुख देखा न जाता।
मंत्र भिन्न न होने से पूजा भिन्न नहीं
महान् शून्यान्तर्गत प्राण का रहस्य न समझनेवाले
वे रौरव नारकी हैं कूडलचन्नसंगय्या॥ 185 ॥

प्राणलिंग सरक गया, सरक गया कहते हैं आप
प्राणलिंग सरक गया तो देह क्यों गिरता नहीं बताइए?
प्राणलिंग सरक सकता है क्या, वह सर्व भुवन का स्वामी है?
यह प्राणलिंग सरक गया कहकर समाधिस्त होनेवालों का
मुँह न देखा जाता, कूडलचन्नसंगमदेव॥ 186 ॥

प्राणलिंगप्रसाद सभी जगह है,
लिंगप्राणप्रसाद अपूर्व है देखो।
प्राणलिंगप्रसादी देहधर्मी है तो
लिंगप्राणप्रसादी लिंगभोगोपभोगी है,
कूडलचन्नसंगमदेव॥ 187 ॥

फलान्तर्गत मधुर गोपनीयता के समान था
चन्द्रकान्त के उदक के समान था
मोर के तत्ति के चित्र के समान था
शिशु का देखा सपने के समान था
कूडलचन्नसंगय्या
सद्गुरु के चित्त की स्थिति के समान था॥ 188 ॥

आते ही लिंग को नेत्र में रखना चाहिए
आते ही लिंग को श्रोत्र में रखना चाहिए
आते ही लिंग को घ्राण में रखना चाहिए
आते ही लिंग को जिह्वा में रखना चाहिए
आते ही लिंग को सर्वांग में रखना चाहिए
कूडलचन्नसंगय्या में प्रसादी हो तो॥ 189 ॥

बसवण्णा मर्त्यलोक में आए। अपना घर 'महामने' बनाकर
उसमें भक्ति-ज्ञान रूपी ज्योति को प्रकाशित करने पर
सुज्ञान रूपी प्रभा का प्रसार हुआ जग में।
प्रकाश में प्रज्ञापूर्वक देखकर, सारे शिवगण आ मिले।
कूडलचन्नसंगमदेव,
आपके शरण बसवण्णा की कृपा से, सभी शिवगण
प्रभुदेव के निज स्वरूप को देखकर निश्चिन्त हुए॥ 190 ॥

कहते हैं, बीज से अंकुर निकला
परन्तु वे नहीं जानते कि उस बीज के लिए अंकुर ही प्राण है।
कहते हैं, लिंग से जंगम बना
परन्तु वे नहीं जानते कि उस लिंग के लिए जंगम ही प्राण है।
देखो, कूडलचन्नसंगमदेव॥ 191 ॥

सड़क के साँड़ और देवालय की गाय के लिए जन्मा बछड़ा
मन्दिर का बसव बनेगा क्या, जब तक लिंगमुद्रा न पड़े?
भक्त और भक्तिन के लिए जन्मने से
केवल गुरु कारुण्य से भक्त बनेंगे क्या
अंग पर लिंग धरे बिना?
ऐसे भक्तों को साथ रखकर चले तो
भक्तिहीन कहलाते ऐसा कूडलचन्नसंग का वचन है॥ 192 ॥

चाहना नहीं चाहिए शरण को, न चाहना भी नहीं चाहिए शरण को,
जो भी सुख मिलता है उसका निराकरण नहीं करना चाहिए शरण को
इसलिए, कूडलचन्नसंगय्या आपका शरण
भोगकर भी उपवासी, सम्बन्ध करते हुए भी ब्रह्मचारी॥ 193 ॥

चाहना देहगुण है न चाहना वैराग्य है
चाहना भी नहीं, न चाहना भी नहीं
इन दोनों का निराकरण कर भोग सके तो
कूडलचन्नसंगमदेव, उसे आपका शरण कहूँगा॥ 194 ॥

याचकत्व का भाव रखनेवाला कर्ता नहीं,
कर्तृत्व भाव रखनेवाला भक्त नहीं,
न दुखे ऐसा माँगना चाहिए, न पश्चात्ताप करें ऐसा करना चाहिए,
इसलिए, कूडलचन्नसंगय्या
इस उभय का दर्द लिंगद्रोह है॥ 195 ॥

माँगनेवाला जंगम नहीं, माँगने की स्थिति लानेवाला भक्त नहीं
बिना माँगे वह भक्त देने का जो कार्य करता है,
उसे फलप्रद करता है तो वह जंगम है।
माँगने के पहले ही जंगम की इच्छा को जानकर

उसके मन की इच्छा पूर्ण कर सकता है तो वही परमभक्त है।
वह भक्त 'मैं मेरा' कहेगा तो
वह कुत्ते का मांस और मरे पड़े शव का मल है।
इसलिए हमारे कूडलचन्नसंगय्या में
माँगने से पूर्व ही करनेवाला भक्त होने पर भी
बिना माँगे करवानेवाला जंगम अपूर्व है॥ 196 ॥

ब्राह्मण देही नहीं, क्षत्रिय देही नहीं
वैश्या देही नहीं, शूद्र देही नहीं,
भक्त देहीदेव ऐसा सुनने पर भी नहीं जानते हैं।
स्वपच होने पर भी लिंगभक्त ही कुलश्रेष्ठ है।
कहता है लिंगपुराण;
'न लिंगी सर्ववेदज्ञो यस्तु चांडालवद्भवी।
लिंगार्चकश्च श्वपचो द्विजकोटि विशेषित: ॥'
अत:
अंग पर लिंग धरे स्वपच होने पर भी
वह सद्ब्राह्मण है।
अंग पर शिवलिंग न धरनेवाले
ब्राह्मण करोड़ होने पर भी
वे स्वपच से भी गए गुजरे हैं
कूडलचन्नसंगमदेव॥ 197 ॥

ब्राह्मण भक्त होने पर भी सूतक-पातक छोड़ेगा नहीं,
क्षत्रिय भक्त होने पर भी क्रोध को छोड़ेगा नहीं
वैश्य भक्त होने पर भी धोखेबाजी छोड़ेगा नहीं
शूद्र भक्त होने पर भी अपने गुण को छोड़ेगा नहीं
ऐसे जाति ढोंगी को पसन्द करेगा क्या कूडलचन्नसंगमदेव? ॥ 198 ॥

भक्त जंगमों की बातों का मेल ऐसा होना चाहिए कि
प्रच्छन्न होकर लोक में अदृश्य रहना चाहिए।
जलचर के पैर के समान होना चाहिए।
शिशु का देखा सपना-सा होना चाहिए।
मूक के चखे स्वाद-सा होना चाहिए।
यह शिवाचार का लक्षण है।

वरना वेषधारी के खेल-सा मजाक के कारण बने
'भेरुंड' पक्षी के समान दो मुँहवालों को कैसे भक्त कहोगे?
कैसे जंगम कहोगे? कूडलचन्नसंगमदेव॥ 199 ॥

गाकर भक्त से माँगनेवाला जंगम नहीं।
तारीफ कर भक्त से माँगनेवाला जंगम नहीं।
पढ़कर भक्त से माँगनेवाला जंगम नहीं।
स्तुति करके भक्त से माँगनेवाला जंगम नहीं।
प्रशंसा कर भक्त से माँगनेवाला जंगम नहीं।
भक्त के सामने हाथ पसारकर माँगनेवाला जंगम नहीं।
कूडलचन्नसंगमदेव में बिना माँगे सेवा करनेवाला ही भक्त है।
बिना माँगे पानेवाला ही जंगम है॥ 200॥

भक्तों का मठ ढूँढ़ते जाकर
भक्तदेही देव नामक श्रुति वाक्य सुनकर
भक्त को ही देव समझ, युक्ति ढूँढ़नेवाले पापियों की विधि कैसी?
भक्तों का मठ जाकर 'वह अलग यह अलग' कहनेवाले
सन्देह पातकी तुम सुनो
भक्तों के मठ में भक्तिरस की कृषि, लिंग की फसल, प्रसाद की राशि
ऐसे प्रसादी के यहाँ जाकर
सूतक अशौच देखनेवाले पापियों को कैसे पसन्द करेगा
कूडलचन्नसंगमदेव? ॥ 201 ॥

भक्त बने समझ, युक्तिहीन होकर बोलते हैं,
भक्तस्थल सब को कैसे सम्भव?
गुरु में तन को धोखा देना, लिंग में मन को धोखा देना
जंगम में धन को धोखा देना जब तक रहेगा वह भक्त कैसा?
गुरु में चरित्र, लिंग में लक्षण
जंगम में जाति जब तक ढूँढ़ेंगे वह भक्त कैसा?
नहीं, वह दोषार्थी है।
इसलिए कूडलचन्नसंगमदेव
भक्तस्थल सबको कैसे सम्भव? ॥ 202 ॥

भक्त को शान्तचित्त रहना चाहिए
अपनी स्थिति में सत्यवान रहना चाहिए

सबके हित में वचन बोलना चाहिए
जंगम में निन्दा रहित होकर
सभी प्राणियों को अपने समान मानना चाहिए
तन मन धन, गुरु लिंग जंगम के लिए समर्पित करना चाहिए।
अपात्र को दान न देना चाहिए।
सभी इन्द्रियों को अपने वश में रखना चाहिए।
यही पहला आवश्यक वृतनेम है देखो।
लिंग की पूजा कर प्रसाद पाने के लिए यही मेरे लिए साधन है।
कूडलचन्नसंगमदेव॥ 203 ॥

भक्ति के लिए शरणों का अनुभाव ही बीज है देखिए
भक्ति के लिए शरणों का अनुभाव ही आचार है देखिए
अनुभावविहीन की भक्ति दृढ़ता रहित होती है
अनुभाव करने में विनयी होकर न रहे तो
कूडलचन्नसंगमदेव घोर नरक में डालेगा॥ 204 ॥

'भवि' स्थिति से घृणा कर भक्त होने की इच्छा से
जंगम को देखकर घर बुला लाकर
सेविका के हाथ से पूजाजल ला रखवाकर
पादपूजा करनेवाले भक्त की युक्ति सुनिए
भक्तों के गर्भ में आते-आते
सेविका के गर्भ में आने लगा देखिए
कूडलचन्नसंगमदेव॥ 205 ॥

भविस्थिति से घृणा कर भक्त होने पर
भवि का संग दोष है इसे न जानकर,
जो पुनः भवि का संग करते हैं
कूडलचन्नसंगमदेव वे न भवि हैं, न भक्त हैं॥ 206 ॥

भवि के भक्त होने से क्या है, पूर्वाश्रम को नष्ट किए बिना?
वेश्या भक्तिन बनने से क्या हो, जूठन खाना छोड़े बिना?
राजा के भक्त होने से क्या हो, अहंकार नष्ट किए बिना?
इन तीनों को इष्टलिंग देनेवाला व्यवहारी, पानेवाला लाभवान है
इनकी भक्ति ऐसी है जैसे
कृषक स्त्री के देहली की पूजा कर, लम्बा पैर रखकर

लाँघने के समान हुआ।
बस्ती के बाहर गणेश की पूजा कर कूड़े में डालने के समान हुआ
जंगम की पूजा करनेवाले निष्ठारहित भ्रष्टों को
पसन्द करेंगे क्या कूडलचन्नसंगमदेव? ॥ 207 ॥

भवि के घर में भविपाक है
भक्त के घर में भविपाक नहीं
वह भक्त भी, उस भक्त की स्त्री भी लिंग भाव रखकर
गुरु लिंग जंगम के लिए चाहिए कहकर भक्ति रति से
लिंग हस्त पर किया गया सभी द्रव्य और सभी पदार्थ
शुद्धपाक, अत्यंत पवित्र पाक, लिंग के लिए अर्पित होते हैं।
उसका निराकरण करेंगे तो द्रोह है।
लिंग के लिए अर्पित कर लेना चाहिए
कूडलचन्नसंगमदेव॥ 208 ॥

वीर व्रतनिष्ठ होकर प्रतिज्ञा कर तन पर तलवार प्रहार करे तो
लिंग तत्त्व से दूर हुआ। वह वीर कहलाया।
परन्तु वह व्रतभ्रष्ट होने से लिंग तत्त्व के लिए दूर,
जंगम तत्त्व के लिए दूर, प्रसादी तत्त्व के लिए दूर है।
इसलिए, वह कूडलचन्नसंगय्या में ब्रह्महत्याकार कहलाएगा॥ 209 ॥

भूमि में बीज पड़े तो नष्ट हुआ ऐसा मत कहो,
आगे के फल में उसे ढूँढ़ लो।
गरमाकर गलाया सोना नष्ट हुआ ऐसा मत कहो
आगे के रंग में उसे ढूँढ़ लो।
जलाई दीप्ति नष्ट हुई ऐसा मत कहो
आगे अग्नि में उसे ढूँढ़ लो।
लिंग के अन्तर्गत प्राण, प्राण के अन्तर्गत लिंग
इसलिए, कूडलचन्नसंग के शरणों के
पाद प्रतिबिम्ब में ढूँढ़ लो
संगमबसवण्णा॥ 210 ॥

भैरव की आराधना कर बहिष्कृत हो गए
मैलार की आराधना कर केश और अँगुली कटवाकर

कुत्ता बनकर भूँक रहे हैं।
जिनदेव की आराधना कर लज्जा छोड़ दी देखो
हमारे कूडलचन्नसंगय्या की आराधना कर
'देवभक्त' कहलाए, देखिए॥ 211 ॥

सिर मैला हो तो महास्नान करना
वस्त्र मैला हो तो धोबी को देना
मन का मैल धोना हो तो
कूडलचन्नसंगय्या के शरणों के साथ अनुभाव गोष्ठी करना॥ 212 ॥

देह में बाँधे साँप के समान देह में इष्टलिंग बाँधने से क्या हो?
गले में बाँधे साँप के समान गले में इष्टलिंग बाँधने से क्या हो?
चोरी, व्यभिचार, भवि का संग और अन्य देवपूजा जब तक न छोड़ेगा
लिंगभक्त न कहला सकता है।
अनाचार से नरक और आचार से स्वर्ग मिलेगा।
ऐसे जो भूमिभार है उन्हें न मानेगा
कूडलचन्नसंगय्या॥ 213 ॥

मतिहीन कुम्हार मिट्टी की सुई बनाकर
लोहारबस्ती में बेचने जाय तो वहाँ
वे फौलाद की सुई बेचनेवाले थे!
वेषधारी बात सीखकर, गर्व से परीक्षा देने के समान
कूडलचन्नसंग के स्वरूप को न जानते तो
मत बोलो, हे लीला पशु! ॥ 214 ॥

मधुर गुण चींटी जानती है।
समय का गुण मुर्गी जानती है।
गोत्र का गुण कौवा जानता है।
इस मनुज जन्म में पैदा होकर,
शिवज्ञानियों के आगमन की सूचना न पावोगे तो
तुम उन मुर्गी, कौवा, चींटी से भी बदतर हो, देखो
कूडलचन्नसंगमदेव॥ 215 ॥

मन के लिए मन ही एकार्थ होकर
प्राण के लिए प्राण ही एकार्थ होकर

भाव के लिए भाव ही एकार्थ होकर
संग के लिए संग ही समरति होकर
मिलने पर बिछुड़ना न चाहिए।
बिछुड़कर एक क्षण भी सहना नहीं चाहिए।
कूडलचन्नसंगा।
आपके अत्यंत प्यारे शरणों से बिछुड़ना
मेरे प्राण की हानि है, देखो जी॥ 216 ॥

घर की ज्योति घर को न छूने के समान,
गर्भस्थ शिशु गर्भ को न छूने के समान,
कक्षा, करतल, अंगस्पर्श, मुखशय्या, कंठ, उत्तमाँग
ये सब आयत हैं, प्राणलिंगस्थल अलग है।
इसलिए, कूडलचन्नसंगा आपके शरणों की रीति ही अलग है॥ 217 ॥

मरीचिका में छिपी धूप के समान,
दूध में छिपे घी के समान,
चित्रकार में छिपे चित्र के समान,
आँख की पुतली में छिपे तेज के समान
शब्द में छिपे अर्थ के समान
कूडलचन्नसंगय्या आपका स्वरूप है॥ 218 ॥

वायु के संग से सुगंध व्यर्थ हुआ
बोल के समूह से अनुभाव व्यर्थ हुआ
दिखावे के संभ्रम में भक्ति व्यर्थ हुई
मिलन के संभ्रम में ज्ञान व्यर्थ हुआ।
सूक्ष्म शिवपथ सामान्यों के लिए सम्भव है क्या
कूडलचन्नसंग के शरणों को छोड़कर? ॥ 219 ॥

श्मशान वैरागी लाखों हैं, पुराण वैराग्यवाले भी लाखों हैं।
प्रसव वैराग्यवाले लाखों हैं, पित्त वैराग्यवाले लाखों हैं।
परन्तु स्वयानुभाव सम्यक्ज्ञान, वैराग्यवाले एक भी न दिखे,
कूडलचन्नसंगमदेव॥ 220 ॥

मांस पसन्द करनेवाले राजा लोग कुत्ते के जूठन खाकर
नरक में चले गए।

वेश्या को पसन्द करनेवाले वेश्या के सेवकों के जूठन खाकर
नरक में चले गए।
यह लोकविदित है।
लिंग प्रेमी सद्भक्त गुरु लिंग जंगम के दिए बचे प्रसाद लेकर
तभी तुरन्त ही मोक्ष पा गए।
शिवरहस्य में;
स्वानोच्छिष्टायते राजा वेश्योच्छिष्टं जगत्रयम्।
जंगमोच्छिष्ट मुंजानो सद्यो मुक्तो न संशयः।।
इस प्रकार
गुरु लिंग जंगम के प्रसाद लेनेवाले को देख
उनकी निन्दा करनेवालों के मुँह में कीड़े पड़े बिना न रहेगा क्या
कूडलचन्नसंगमदेव? ॥ 221 ॥

मांस पिंड न लगे मंत्रलिंड लगे बसवण्णा,
वायुप्राणी न लगे लिंगप्राणी लगे बसवण्णा
जगभरित शब्द न मानकर शरणभरित लिंग लगे
कूडलचन्नसंगय्या में बसवण्णा॥ 222 ॥

करते हैं, करते हैं पागल-सा
रहस्य न जानकर करनेवाला कार्य, पाक पदार्थ की हानि है
कर्म की फसल है।
कूडलचन्नसंगा के शरणों की रीति न जानकर
करनेवाला कार्य भवकार्य है॥ 223 ॥

करते समय मैं अपने को आधे मन से करूँ तो
देते समय मैं अपने को आधे मन से दूँ तो
खिलाते समय मैं अपने को रुचि चाहूँ तो
तभी मैं आपका द्रोही बना।
करते समय, देते समय, खिलाते समय शुद्ध न हो तो
तुम तभी मेरी नाक काट दो, कूडलचन्नसंगमदेव॥ 224 ॥

बातों के गीतांग में जानकार हो सकता है।
श्रोत्र शोभा में, प्रज्ञा प्रवीणता में, शास्त्रकार हो सकता है।
अन्तरंग बहिरंग और अनंत देखा जा सकता है।
शास्त्र रहस्य, गणित गुणित श्रुति स्मृति का तार्किक हो सकता है।

भूत विकार के प्रकृति स्वभाव से भ्रम रहित हो सकता है।
कान्ता रतिगुण वर्जित संन्यासी, क्षेत्रवासी हो सकते हैं।
परन्तु मेरे स्वामी कूडलचन्नसंगमदेव का
विश्वसनीय मान्य इच्छावशवर्ती होना सम्भव नहीं
लिंगानुभवी को छोड़कर अन्यों को॥ 225 ॥

बिजली चमके तो
बिजली से सम्बन्धित प्रयोग उसी क्षण कर देना चाहिए।
इन्द्रछाप दिखाई पड़े तो
इन्द्रछाप से सम्बन्धित प्रयोग उसी क्षण कर देना चाहिए।
महानुभावी दिल खोलकर बातें करेंगे तो
अनुभावान्तर्गत प्रयोग उसी क्षण कर देना चाहिए।
कूडलचन्नसंगय्या में स्वायत्त हुए शरण स्वेच्छाजीवी हैं॥ 226 ॥

मोतियों से गधे को सजाए तो
गधे को मोती का मूल्य मालूम होता है क्या?
पाथेय को जितने भी समय तक सिर पर ढोएँगे
क्या तृप्ति मिलेगी?
निष्ठारहित, गुणरहित को इष्टलिंग धारण करने से
क्या वह श्रेष्ठ शिवभक्त बनेगा?
इसलिए, गुणवान व्यक्ति को ढूँढ़कर
इष्टलिंग देनेवाले गुरु को
कूडलचन्नसंगय्या प्रसन्नता से मान्यता देंगे॥ 227 ॥

मोती पानी में पैदा होकर फिर पानी बनेगा क्या?
गुरु की करुणा प्राप्त भक्त को
अपने पूर्वाश्रम के साथ मिलना नहीं चाहिए।
यदि मिले-जुलेंगे तो वह आचारद्रोह है
गुरुद्रोह है, लिंगद्रोह है, जंगमद्रोह है,
पादोदक द्रोह है और प्रसाद द्रोह है।
इस प्रकार षड्विध द्रोह में पड़ा है, यह न जाननेवाले को
कुंभीपाक नरक में डालेंगे
कूडलचन्नसंगमदेव॥ 228 ॥

धीरे धीरे भक्त, धीरे धीरे माहेश्वर
धीरे धीरे प्रसादी, धीरे धीरे प्राणलिंगी
धीरे धीरे शरण, धीरे धीरे ऐक्य हुए
कहते हैं आपके शरण
वे क्या संजीवनी पा गए हैं?
वे क्या अमृतसेवन कर चुके हैं?
किसी भी स्थल में रहे
उस स्थल में षड्स्थल समाता नहीं तो
उस भक्ति के मुँह में मिट्टी डालकर जाऊँगा, कहा
कूडलचन्नसंगमदेव॥ 229 ॥

'यत्र जीवस्तत्र शिव' वाली बालपन की बात सुनी नहीं जाती
शिवशिवा 'यत्रजीवस्तत्र शिव' हो तो
जीव की मृत्यु कैसी?
'यत्र जीवस्तत्र शिव' हो तो
जनन स्थिति मरण रोग आदि सांसारिक बंधन क्यों?
'यत्र जीवस्तत्र शिव' हो तो
पुण्य पाप प्रलयकाल की कल्पना क्यों?
इसलिए 'यत्र जीवस्तत्र शिव' नहीं है।
उत्पत्ति स्थिति प्रलयरहित शिव सद्भक्तों में होंगे
और कहीं नहीं, कूडलचन्नसंगमदेव॥ 230 ॥

रंजक रचना कर बोलनेवाला जंगम नहीं,
मनुष्यों की प्रशंसा में गाकर माँगनेवाला जंगम नहीं,
मनुष्यों की प्रशंसा करनेवाला जंगम नहीं।
इसलिए कूडलचन्नसंगय्या में
अल्लम प्रभु ही जंगम है, बसवण्णा ही भक्त है॥ 231 ॥

भूत की पूजा कर उसे बलि देनेवाले वीर का मन
तलवार की नोक पर रहने के समान है।
उसे जंगमाचार करना चाहिए,
किया है कहना साधारण बात है क्या?
इसलिए, कूडलचन्नसंगय्या
जंगम भक्ति संगनबसवण्णा से जुड़ी थी॥ 232 ॥

रूप के अर्पण से क्या प्रयोजन,
जब रुचि का अर्पण न कर सकते हैं?
रुचि के अर्पण से क्या प्रयोजन,
जब उसके परिणाम का अर्पण न करते हैं?
परिणाम के अर्पण से क्या प्रयोजन,
जब अपने आपका अर्पण न कर सकते हैं?
अपने आपके अर्पण से क्या प्रयोजन,
जब कूडलचन्नसंगय्या रूपी भाव शून्य न हो? ॥ 233 ॥

लिंग को छोड़कर अन्य को मैं अपना मन न दूँगा।
जंगम को छोड़कर अन्य को मैं अपना धन न दूँगा।
प्रसाद को छोड़कर अन्य को अपनी जिह्वा न दूँगा।
सभी इन्द्रियों को इन त्रिविध में स्थिर करूँगा।
कूडलचन्नसंगमदेव को गले लगाने के कारण
अपने ज्ञान को दूसरों के लिए व्यय न करूँगा॥ 234 ॥

लिंग के लिए मन पात्र हुआ, जंगम के लिए धन पात्र हुआ
प्रसाद के लिए तन पात्र हुआ।
इन त्रिविध के पात्र में योग्य के साथ सहभोजन करते हैं
कूडलचन्नसंगा, आपके शरण बसवण्णा॥ 235 ॥

लिंगतत्त्व का पूर्वाश्रय मिटाकर
इसे प्राणलिंग कह दिखाने आए बसवण्णा!
प्राणलिंग का पूर्वाश्रय मिटाकर
इसे जंगम लिंग कह दिखाने आए बसवण्णा!
प्रसादतत्त्व का पूर्वाश्रय मिटाकर
इसे प्रसाद कह प्रतिपादन कर दिखाने आए बसवण्णा।
इस प्रकार लिंग जंगम और प्रसाद का पूर्वाश्रय मिटाने
मर्त्यलोक में पैदा हुए, कूडलचन्नसंग में बसवण्णा॥ 236 ॥

लिंग में कठिनत्व, जंगम में जातित्व
प्रसाद में अपवित्रता, न सुना जाता इन्हें हाय!
कूडलचन्नसंगमदेव, इन्हें सुनाने वालों को भयंकर नरक में डालेगा॥ 237 ॥

लिंग में देना है, लेना है, इसलिए अर्पित है
जंगम में देना है, लेना नहीं है इसलिए अनर्पित
प्रसाद में देना लेना न होने से उभयनास्ति
इन त्रिविध सम्बन्ध की रीति
कूडलचन्नसंगा, आपका शरण ही जानता है॥ 238 ॥

लिंग आकर मन में आश्रय पाता है
जंगम आकर धन में आश्रय पाता है
प्रसाद आकर तन में आश्रय पाता है
ये त्रिविध स्वयं ही उस शरण को दृष्ट है
आप जिस पर प्रसन्न हो कूडलचन्नसंगा॥ 239 ॥

लिंगमुख जंगम होने से
आप सत्कायक से अर्जित सत्पदार्थ को जंगम को देकर
उस प्रसाद को भक्ति से ग्रहण कर सेवन कर सकते हैं तो
उसे अशन कहूँगा।
इस क्रम में न हो तो उसे अनशन कहूँगा।
'साशनाशने अभि' कहा गया है।
इस प्रकार अशन अनशनों का भेद न जानकर
न देह दंडन कर, न मन का खंडन कर
अपने लिए लोगों को धोखा देकर, लाकर
घर में रखी सम्पत्ति, न गुरु को अर्पण करने योग्य है,
न लिंग या जंगम को अर्पण करने योग्य है।
ऐसे हीन व्यक्ति को हमारे कूडलचन्नसंगमदेव
हीनयोनी में लाए बिना रहेंगे क्या? ॥ 240 ॥

लिंग से होकर ही चलनेवाला शरण है
लिंग से होकर ही बोलनेवाला शरण है
लिंग से होकर ही संतृप्त शरण है
लिंगदेही शरण है, शरणदेही लिंग है
इसलिए कूडलचन्नसंगय्या
आपके शरण सर्वांगलिंगी हैं॥ 241 ॥

लिंग को जानने के लिए मन सीढ़ी है।
जंगम को जानने के लिए धन सीढ़ी है।

प्रसाद को जानने के लिए तन सीढ़ी है।
इन त्रिविध को जानने के लिए त्रिविध सीढ़ी है
इसलिए, कूडलचन्नसंग के शरण के अलावा
अन्यों के लिए यह सम्पत्ति सम्भव नहीं है॥ 242 ॥

लिंगाभिमानी के लिए अंग का आश्रय नहीं, देखिए।
जो भी प्राप्त होता है वही परिणाम है,
जहाँ भी रहे वही निवास है।
कूडलचन्नसंग के शरण के लिए कोई विशेष इच्छा नहीं है॥ 243 ॥

लिंगैक्य को लोक की बात टेढ़ी लगती है,
उनकी बात लोक के लिए टेढ़ी लगती है।
वह न गाँव का है, न जंगल का
नित्य तृप्ति भुक्ति विरहित है शरण।
शिरोमध्य सहस्त्रार में परमानन्द में शब्द रहित नि:शब्द है
कूडलचन्नसंगय्या में लिंगैक्य की स्थिति है॥ 244 ॥

जो लोक व्यवहार में रहते हैं
जो लोक व्यवहार में भटकते हैं
जो लोक के अधीन हैं
वे लिंग के बारे में क्या जानें?
केवल संघर्ष करनेवाले भ्रांत हैं।
कहूँगा मैं कि ये त्रिविध से दूर हैं
कूडलचन्नसंगमदेव॥ 245 ॥

शरण लोक से दूर रहता है, लौकिक को मिलाता नहीं
और वह एकग्राही है।
लिंग की पूजा कर अन्य को न ध्यान देनेवाला शुद्ध लिंगैक्य है
कूडलचन्नसंगा आपका शरण॥ 246 ॥

लौह पारस को छूता है,
मगर पारस पारस को छूता है क्या?
अंग भाववाले को प्रसाद है
लिंग भाववाले को प्रसाद है कहाँ?

‘अणोरणीयान् महतो महीमान’ कहा गया है,
छोटे से छोटा है, बड़े से बड़ा है,
वाक् और मन के लिए अगोचर है।
कूडलचन्नसंगमदेव, सुनो
रूपवान प्रसादी है, रूपरहित लिंगैक्य है॥ 247 ॥

हीरे को दीमक छू सकता है क्या?
बारूद की थैली को साँप छू सकता है क्या?
जलते चूल्हे में कुत्ता सोएगा क्या?
समुद्र में जाकर नमक को छूते हैं क्या?
गुरु लिंग जंगम की पूजा कर केवल मृत्यु पाएँगे तो
गाँव के सामने की महामारी देवता ही बेहतर है कहा
कूडलचन्नसंगमदेव ने॥ 248 ॥

वायु वश होने से पेड़-पौधे हिलते हैं,
वादन विधा वश होने से मृदंग आदि वाद्य बजते हैं,
कूडलचन्नसंगय्या, लिंगवश होने से शरण बोलता है॥ 249 ॥

सात वार और कुल अठारह कहते हैं
हम उसे नकारते हैं।
रात एक वार, दिन एक वार,
भवि का एक कुल, भक्त का एक कुल,
हम उसे जानते हैं देखो, कूडलचन्नसंगमदेव॥ 250 ॥

समझा सूँघनेवाला नाक तुम हो,
समझा रुचि देनेवाली जीभ तुम हो,
समझा देखनेवाला नयन तुम हो,
समझा स्पर्श करनेवाला त्वक् तुम हो,
समझा सुननेवाला श्रोत्र तुम हो,
इसलिए, कूडलचन्नसंगय्या,
न मैंने तुमसे माँगा और न तुमने प्यार से दिया॥ 251 ॥

वीर हो तो वीरता को तलवार की नोक में देख सकते हैं।
धीर हो तो धीरता को अपने स्त्री स्पर्श में समझ सकते हैं।

भक्त हो तो अपने कष्ट-नष्ट में समझ सकते हैं।
कूडलचन्नसंगय्या,
सुज्ञानी हो तो उसकी चाल से ही जान सकते हैं॥ 252 ॥

व्रतस्थ का ज्ञान प्रपंच रचने में नष्ट हो गया
प्रतिज्ञाधारी का ज्ञान धोखा देने में नष्ट हो गया
व्रतनियम वाले का ज्ञान संकल्प में नष्ट हो गया
शीलवंत का ज्ञान सूतक देखने में नष्ट हो गया
जंगम का ज्ञान माँगने में नष्ट हो गया
प्रसाद का ज्ञान मिलावट में नष्ट हो गया
इस प्रकार ये षट्स्थल के निर्णय के लिए मान्य न होकर नष्ट हुए
कूडलचन्नसंग में॥ 253 ॥

शरण कहलाना बहुत कठिन है देखिए
सत्य को सद्भक्तों में छिपाकर अपना अस्तित्व लोक को
न दिखाना चाहिए।
सारे जीव राशि के प्रति रोष हर्ष न दिखाना चाहिए
ऐसे शरण के समीप हैं हमारे कूडलचन्नसंगमदेव॥ 254 ॥

शरण शरण से मिलकर
'शरणु' कह हाथ जोड़ना ही भक्ति का लक्षण है।
शरण शरण से मिलकर
पादस्पर्श करना ही भक्ति का लक्षण है।
शरण चरण न पकड़कर
देखने पर भी ध्यान न देकर चला जाए तो
कूडलचन्नसंग के शरण क्षमा न करेंगे॥ 255 ॥

शब्द-स्पर्श-रूप-रस-गन्ध पंचेन्द्रिय सभी
चल पड़े लिंग की ओर।
आए सुख को लिंगार्पित कर
चल पड़े लिंग की ओर।
कूडलचन्नसंगा,
शरण के लिए लिंग आप ही होने से॥ 256 ॥

डाली न हो तो बंदर वृक्ष को पकड़ेगा नहीं
कोंपल न हो तो कोयल गायेगी नहीं
प्रभात हुए बिना मुर्गा बोलेगा नहीं
बतिया तोड़कर फल को ढूँढ़ सकते हैं क्या?
अपने को न भूलकर, लिंग की तारीफ करनेवाले सभी
अज्ञानी, अनाचारी और आचारभ्रष्ट हैं।
वे गुरु लिंग जंगम द्रोही हैं।
खाना छोड़कर, व्यसन में रहकर
तन पिघलकर, मन झुककर
आपको न पूजा करनेवाले अज्ञानियों को
क्या कहूँ कूडलसंगमदेव॥ 257 ॥

शिवयोग में तल्लीन शरण
न कर्मकाय है न कालबद्ध है।
वह संकल्प विकल्प विरहित है
सब के साथ रहने पर भी,
उसकी रीति ही है अलग
शरण निरन्तर परमसुखी है
हे कूडलचन्नसंग, आपका शरण
लोक में रहने पर भी लोक से अलग है॥ 258 ॥

जिस आँख से शिवलिंग को देखते हैं
उस आँख से परस्त्री को देखे तो वहाँ लिंग नहीं।
परब्रह्म को उच्चारित करनेवाली जीभ में,
परस्त्री का अधर पान लेंगे तो वह प्रसाद से दूर है।
महान् लिंग को पूजनेवाले हाथ में
परस्त्री का स्तन स्पर्श करेंगे तो, अपना पूजाफल निष्फल है।
इसे न समझे तो घड़े में सुरा भरकर
ऊपर भस्म लेपन करने के समान हुआ।
कूडलचन्नसंगमदेव॥ 259 ॥

शीलवान लाखों हैं, व्रत-नियमवाले भी लाखों हैं
व्रतस्थ लाखों हैं
अर्थ प्राण अभिमान को सौंपे वैरागी लाखों हैं।

कूडलचन्नसंगय्या में ये सब, फलापेक्षी हैं
परन्तु लिंगापेक्षी से तात्पर्य रखने वाले कोई नहीं हैं॥ 260 ॥

शीलवान, शीलवान कहते हैं, हम इसे नहीं जानते।
अंगनाओं का अधरपान
अपने उदर में जाने पर शील कहाँ?
ईषणत्रय रूपी कुत्ता पीछा करने पर शील कहाँ?
दूर हटा मन महत् में स्थिर हो तो शील है,
परिणाम स्थिर हो तो शील है।
इसलिए कूडलचन्नसंग में शीलवान विरले ही हैं॥ 261 ॥

शीलवान सभी शीलवान हैं,
भाषावान सभी भाषावान् हैं,
प्रतिज्ञावान सभी प्रतिज्ञावान हैं।
व्रतस्थ सभी व्रतस्थ हैं।
सत्यवान सभी सत्यवान हैं।
व्रतनियमवाले सभी व्रतनियमवान हैं।
कूडलचन्नसंगमदेव
केवल संगनबसवण्णा ही
अकेला लिंगवंत है॥ 262 ॥

शील, शील कहते हैं गर्व से
परन्तु शील क्या है, नहीं जानते वे।
जो है उसमें धोखा दिए बिना रहना ही शील है।
जो नहीं है उसके लिए कर्ज न माँगना ही शील है।
परधन, परस्त्री के मोह में न पड़ना ही शील है।
अन्यदेव, परधर्म की ओर न खींचा जाना ही शील है।
गुरुनिन्दा, शिवनिन्दा, जंगमनिन्दा आदि को न सुनना ही शील है।
कूडलचन्नसंग के शरणों के आगमन से
खुश होंगे तो वह शुद्ध शील है॥ 263 ॥

शील, शील कहते हैं, शील भक्ति में नहीं है।
क्योंकि
अनाज भूमि का जूठन है
पूजाजल बादल का जूठन है

सुगन्ध वायु का जूठन है
मृष्टान्न अग्नि का जूठन है
हाथ में दीप पकड़कर भी
न दीखने से ठोकरें खानेवाले कुटिल शीलवानों को
पसन्द करेगा क्या कूडलचन्नसंगमदेव? ॥ 264 ॥

षोडश कला से युक्त जंगम की
राजे-महाराजे पूजा करते हैं।
विषयासक्त जंगम की
वेश्या पूजा करती है।
रसविद्यावान-जंगम की
सुनार पूजा करता है।
वेषधारी जंगम की
भक्त लोग पूजा करते हैं।
ज्ञानवान जंगम किसी से भी पहचाना न जाता
कूडलचन्नसंगमदेव॥ 265 ॥

संगा, तुम जहाँ नहीं हो वह आँगन, पंचमहापातक सातवाँ नरक है।
संगा, तुम जहाँ नहीं हो वह आँगन, ब्रह्मेति के लिए वह कारण है।
संगा तुम जहाँ हो वह आँगन, लिंग का आँगन है, उनका अंग लिंग है।
संगा, तुम जहाँ हो वह आँगन, वाराणसी से भी श्रेष्ठ है।
संगा, तुम जहाँ हो वह आँगन, अमृत दिव्यक्षेत्र से भी श्रेष्ठ है।
संगा, कूडलचन्नसंगा
तुम्हारे शरणों का संग ही सुसंग है मेरे लिए॥ 266 ॥

सज्जन, सद्भावना वाला दूसरों के सामने हाथ न पसारेगा
लिंग स्पर्श करनेवाले का हाथ सिर्फ लिंग के लिए है।
परस्त्री को कामदृष्टि से न देखेगा
मन में अन्य देव का स्मरण न करेगा। भवि की सेवा न करेगा
लिंग से माँगेगा नहीं, लिंग के अधीन नहीं
कूडलचन्नसंगा वह आपका शरण है॥ 267 ॥

सती के हाथ में जो दिया गया वह प्राणलिंग नहीं
सुत के हाथ में जो दिया गया वह प्राणलिंग नहीं
आलस्य से करंडिका में जो रखा गया वह प्राणलिंग नहीं।
तनुस्पर्श से वज्रलेप-सा रहना चाहिए।

मन रूपी कर में दिया गया प्राणलिंग सोख जाय तो
वह तत्क्षण व्रतभ्रष्ट है, कूडलचन्नसंगमदेव॥ 268 ॥

सती का संग अतिसुख देगा ऐसा समझने से क्या हो
गणसाक्षी में विवाह न होने पर?
आँख से दीखता है कहने से क्या हो
अँधेरे में दीखता है क्या दीप के बिना?
सूर्य के प्रकाश में देखकर
मैंने ही देखा कहने वाली लोकोक्ति-सा हो गया।
अंग के बिना आत्मा है क्या? शक्ति के बिना शिव है क्या?
अतः, स्थूल, सूक्ष्म, कारण तनुत्रय होने से
इष्ट प्राण भाव नामक त्रिविध लिंग सम्बन्ध न चाहिए कहे तो
असंख्यात प्रमथगण मानेंगे क्या?
कूडलचन्नसंगय्या में
इष्टलिंग सम्बन्ध जिनका नहीं हुआ है
उनका मुख देखा न जाता, प्रभुदेव जी॥ 269 ॥

सत्यनिष्ठारहित भक्ति सहस्त्रों बरस करने से क्या हो?
निष्ठारहित पूजा कितने ही बरस करने से क्या हो?
भाव स्थिर न हो तो ऐसा प्रसाद कितने ही बरस तक लेने से क्या प्रयोजन?
यह केवल आदत पर है,
एक दूसरे को देखकर करते हैं,
मगर यह सहज नहीं, सम्यक् नहीं, सच्चा नहीं।
अतएव, ऐसे लोगों को भक्त न कहा जा सकता है,
कूडलचन्नसंगय्या तुम ही साक्षी हो, ऐसे लोगों का तिरस्कार करूँगा॥ 270 ॥

जो सत्यवान हैं उन्हें नित्यनियमव्रत की परवाह क्यों?
जो ज्ञानी हैं उन्हें पूजाजल की परवाह क्यों?
जो शुद्ध मनवाले हैं उन्हें मंत्र की परवाह क्यों?
जो भाव शुद्ध हैं उन्हें पूजा पत्तों की परवाह क्यों?
आपको जान गए शरणों को आपकी परवाह क्यों
कूडलचन्नसंगमदेव?॥ 271 ॥

सद्गुरु कारुण्य से अनुग्रहित भक्त का लिंग चूककर गिर जाय
तो उन्हें व्रतभ्रष्ट कहकर दूर नहीं रखना चाहिए
उसकी न हत्या करनी चाहिए।

'सुव्रतं सुलभं सिद्धं शत्रुजित् शत्रुपावन:? कहा गया है,
अलिंगी लिंगरूपेण यो लिंगमुपजीवति।
स पतेत महाघोरे नरके कालमक्षयम्॥' कहा गया है
अत: शस्त्र, समाधि, जलांत, वनांत, दिक्बलि, दहन-
इन छह कारणों से मर जाय तो, वह व्रतभ्रष्ट है
कूडलचन्नसंगय्या॥ 272 ॥

साकार अठारह लिंग को अंग में आचरण करते
वहाँ तक भक्त, वहाँ तक माहेश्वर
वहाँ तक प्रसादि जो है
उस साकार की क्या उपमा है!
निराकार अठारह लिंग को आत्मा में आचरण करते
वहाँ तक प्राणलिंगी, वहाँ तक शरण
वहाँ तक ऐक्य जो है
उस निराकार की क्या उपमा दूं।
इस प्रकार उभय स्थल एक होकर स्थिर हुए निज के श्रेष्ठ महत् में
लिंग समा गया था, कूडलचन्नसंगा॥ 273 ॥

परम लिंग तत्त्व के साक्षात्कार के लिए
शरण मर्त्य लोक में आकर
अपने पच्चीस इन्द्रियों को भक्त बनाकर
धीरे-धीरे उनके पूर्वाश्रम को नष्ट कर
कल्पित रहित अर्पित करने पर
इन्द्रिय अपने अपने मुख में ग्रहण करने समर्थ न होकर
चाहिए कहकर कूडलचन्नसंग को पकड़े हुए हैं॥ 274 ॥

ऋण लेकर आपका शरण शिवलोक चला गया न
पृथ्वी का ऋण पृथ्वी को देकर
जल का ऋण जल को देकर
तेजस का ऋण तेजस को देकर
वायु का ऋण वायु को देकर
आकाश का ऋण आकाश को देकर
प्रसाद का ऋण किसी को न दे सका कह
कूडलचन्नसंग में शपथ लेनेवाले शरण को
असंख्य असंख्य बार नम: नम: कहता रहूँगा॥ 275 ॥

सोने के काम के लिए पीतल का काम कहते हैं,
शक्कर मृदु कहे तो रेत मृदु कहते हैं,
कर्पूर सफेद है कहे तो नमक सफेद कहते हैं
सिंह की कटि पतली है कहे तो कुत्ते की कटि पतली कहते हैं
लोक के अज्ञानी अपने को शिवज्ञानियों के लिए बराबर कहते हैं,
यह ऐसा हुआ कि तवा को पकड़े और सारा शरीर कालिख हो
कूडलचन्नसंगमदेव॥ 276 ॥

वेश्यापुत्र मालव के सेना-शिविर में
अपना पिता ढूँढ़ रहा है।
उसे पता नहीं वह सैनिक है या राजा।
'बहुलिंग पूजकश्चैव बहुभाव गुरुस्था।
बहुप्रसादं भुंजते वेश्यापुत्रस्तथैव च॥'
कहा गया है, इसलिए
मतिहीन मूर्खों को शिवभक्ति न प्राप्त होगी
आपकी कसम, कूडलचन्नसंगमदेव॥ 277 ॥

सोमवार मंगलवार शिवरात्रि मनानेवाले भक्तों को
लिंगभक्त के लिए समान कैसे कहूँ?
दिन श्रेष्ठ हैं या लिंग श्रेष्ठ हैं?
दिन श्रेष्ठ समझकर करनेवाले—
पंच महापातकियों का मुख देखा न जाता।
'सोमे भौमे व्यतीपाते संक्रान्तिशिवरात्रयोः।
एकभुक्तोपवासेन नरके कालमक्षयम्॥'
इसलिए, कूडलचन्नसंगय्या
ऐसे लोगों का मुख देखा न जाता॥ 278 ॥

भूमि से पत्थर लाकर, उससे इष्टलिंग बनाकर
उसे अष्टतन के हाथ में देकर
अष्टतन के हाथ से यदि वह भूमि पर गिर पड़े तो
बरबाद हुआ, अनाचारी हो गया कहकर उसका स्पर्श न करते हैं, देखा
स्पर्शित प्राण को, न खोले भेद को, कष्टजीवी क्या जाने
कूडलचन्नसंगमदेव? ॥ 279 ॥

दिन में चार पहर भोजन के लिए तड़पते हैं
रात में चार पहर व्यसन के लिए तड़पते हैं
अष्टविधार्चन, षोडशोपचार में पड़े रहते हैं
परन्तु अपने को अर्पित कर लिंग की साधना करनेवाले
किसी को भी न देखा, कूडलचन्नसंगमदेव॥ 280 ॥

हर अपने रूप दिखाने के लिए
गुरु रूप में आकर
मन:स्थल में मंत्र बना,
तनुस्थल में प्रसाद बना,
करस्थल में लिंग बना।
इस प्रकार त्रिविध में त्रिविध समरस
हो गया, बसवण्णा कूडलचन्नसंग में॥ 281 ॥

बहुत समय तक हंस के संग में रहने से
बगुला निर्मल हो सकता है क्या?
निधि की साधना में रहने से
पाषाण सोना हो सकता है क्या?
कल्पतरु के संग में रहने से
काष्ठ फल दे सकता है क्या?
काशीक्षेत्र में कुत्ता हो तो
उसका दूध पंचामृत हो सकता है क्या?
पात्रभर दूध में कोयला डालने से
वह सफेद रह सकता है क्या?
इसलिए
कूडलचन्नसंग के शरणों के सान्निध्य में रहने से
दुर्जन सद्भक्त हो सकता है क्या? ॥ 282 ॥

अनेक प्रकार के फूलों में सुगंध ढूँढ़ते हैं क्या?
बड़े रसदार ईख में फल ढूँढ़ते हैं क्या?
कृष्णवर्ण सुरभि में कोई श्वेत वर्ण ढूँढ़ते हैं क्या?
परशिवमूर्ति संग के शरणों में
क्रिया नि:क्रिया ढूँढ़ते हैं क्या?
वे जिस स्थिति में हैं वही मुक्ति, कूडलचन्नसंगमदेव॥ 283 ॥

दूध हाथ में लेकर मक्खन ढूँढ़ते हैं क्या?
लिंग हाथ में रखकर पुण्यतीर्थ जाते हैं क्या?
लिंग संगी के लिए अन्य देव भजन क्यों?
'इष्टलिंगविश्वस्य योन्यदैवमुपासते।
श्वानयोनिशतं गत्वा चांडालगृहमाचरेत्॥'
इस प्रकार कहा गया है,
ऐसे पातकियों के लिए अघोरनरक मिलेगा ही,
कूडलचन्नसंगमदेव॥ 284 ॥

झूठ अंकुरित था अस्पृश्य में।
झूठ द्विपर्ण बना था मातंग में।
झूठ चतुष्पर्ण बना था मोची में।
झूठ षष्टपर्ण बना था धोबी में।
झूठ अष्टपर्ण बना था व्यवहारी में
झूठ नन्हा पौधा बना था व्यभिचारी में
झूठ पौधा बना था पियक्कड़ में
झूठ पेड़ बना था जुआखोर में
झूठ फूल बना था नट में
झूठ कच्चा फल बना था सुनार में
झूठ फल बना था वेश्या में
झूठ पका फल हो खुला था राजा में
इस प्रकार झूठ बोलने वालों को
गुरु नहीं, लिंग नहीं, जंगम नहीं,
पादोदक न होने से मोक्ष नहीं।
क्योंकि हमारे कूडलचन्नसंगय्या में
शरण झूठ बोलना छोड़कर निजलिंगैक्य हुए॥ 285 ॥

शरण झूठ की दुकान खोलकर वचनभ्रष्ट होनेवाला नहीं है।
मैं जानता हूँ इस ज्ञान के कंजड़िन के समान
जग को बतानेवाला नहीं क्योंकि
वह खुद महान् के महान् है।
कूडलचन्नसंगा के शरण
कुटिल कुहक व्यवहार करनेवाले नहीं॥ 286 ॥

घूस के रहते हुए कर्श बनाने के समान,
मेरा देहगुण अहंकार, प्रबोध युक्त ज्ञान हैं।
काम क्रोध लोभ मोह मद मत्सर से
आपने बनाया, मुझे सताने के लिए।
लिंग पिता, आधि, व्याधि को मिटाकर
निर्वाण पानेवाला मार्ग दिखाइए
कूडलचन्नसंगमदेव॥ 287 ॥

सुबह की पूजा, दुपहर की पूजा, शाम की पूजा
नित्य दैव की पूजा कर दुखी हुए
निश्चिन्त, संतृप्त, निजैक्य लिंग को समय के अधीन कर सकते हैं क्या?
समय की पूजा कर, समय पर पूजा कर इधर ही रह गए सब?
निश्चिन्त को जानकर निजपद पाना ही सुचित्त संतृप्ति है।
कूडलचन्नसंग रूपी लिंग निश्चिन्त निजैक्य है॥ 288 ॥

स्वर्ण के लिए आया नहीं, स्त्री के लिए आया नहीं
भोजन के लिए आया नहीं, वसन के लिए आया नहीं
कूडलचन्नसंगय्या।
भक्ति पथ दिखाने आया बसवण्णा॥ 289 ॥

सुवर्ण भक्त कहलाएगा क्या? सुवर्ण के अन्दर का मूल्य भवि है।
स्त्री भक्त कहलाएगी क्या? स्त्री में जो विरह है वह भवि है।
मिट्टी भक्त कहलाएगी क्या? मिट्टी जो फल देती है वह भवि है।
इन त्रिविध भवि गुण मिटाकर, प्रसाद बना ले सके तो
कूडलचन्नसंग में उन्हें शुद्ध शीलवान कहूँगा॥ 290 ॥

अछूत, अछूत बाहर रहो ऐसा कहते हैं।
वह अछूत कैसा होता है?
अपनी अशुद्धि को खुद न समझकर
दूसरों में अशुद्धि ढूँढ़नेवाले
भ्रष्टों को क्या कहूँ?
महादानी कूडलचन्नसंगमदेव॥ 291 ॥

अर्थ निर्देश

गुरु

गुरु को सामान्यतः स्पर्श-मणि की उपाधि दी गई है; जो लौह समान शिष्य को अपने स्पर्श से कंचन बना देता है। लिंगायत के अनुसार गुरु ज्योति-स्वरूप होता है और जब शिष्य को अनुगृहीत करता है तो शिष्य में ज्योति जगाता है, अपने समान शिष्य को भी ज्योतिर्मय बना देता है। दीक्षागुरु, शिक्षागुरु और मोक्षगुरु के रूप में गुरु के तीन आयाम होते हैं। लिंगायत में ज्ञान प्राप्ति के बाद गुरु-शिष्य समान होते हैं।

लिंग

लिंग का तात्त्विक अर्थ परतत्त्व, सच्चिदानन्द स्वरूप दीक्षा देते समय, गुरु भक्त को लिंग देता है। मन्दिर में स्थापित लिंग को लिंगायत स्थावर कहते हैं, जो जड़ है इसलिए उसकी आराधना तिरस्कृत है। इष्टलिंग पूजा शिवयोग या लिंगांग सामरस्य कहलाती है।

जंगम

जंगम जीव उन्मुक्त होते हैं और भक्तों को आध्यात्मिक और विवेक साधना में मार्गदर्शन करते हुए पर्यटन करते रहते हैं। जंगम चैतन्य, चलनशील, परिवर्तनशील समाज का प्रतीक भी है।

प्रसाद

गुरु लिंग या जंगम का दिया हुआ सब कुछ प्रसाद अर्थात् पवित्र है, स्वीकार योग्य है। व्यक्ति जो भोग रहा है उसे यदि इस समाज का दिया हुआ मानता है, तो वस्तु योग की पवित्रता बढ़ती है। प्रसाद का शाब्दिक अर्थ भी देवार्पित वस्तु है।

दासोह

विनयभाव से प्रामाणिक परिश्रम करना और अर्जित धन या वस्तु को अधिक संग्रह न कर सामाजिक हित के लिए देना दासोह है। इसमें देनेवाला अहम से मुक्त है और लेनेवाला हीनभाव से मुक्त है।

अष्टावरण

आध्यात्मिक क्षेत्र में शिवयोग के सत्-चित्-आनन्द की प्राप्ति के लिए भक्त के लिए अष्टावरण का आयोजन किया गया है। साधना के लिए भक्त की अष्ट-आवरणों के रूप में ये तत्त्व भक्त की रक्षा करते हैं। ये हैं—गुरु, लिंग, जंगम, पादोदक, प्रसाद, विभूति, रुद्राक्षी, मंत्र।

पंचाचार

भक्त की साधना के लिए पाँच आचारों का निश्चय किया गया है। वे हैं—लिंगाचार, सदाचार, शिवाचार, भ्रत्याचार और गणाचार।

षट्स्थल

शिवयोग साधना में भक्त के विकास के लिए छह आयामों का आयोजन है, जो इस प्रकार है—भक्तस्थल, माहेश्वरस्थल, प्रसादीस्थल, प्राणलिंगि स्थल, शरणस्थल और ऐक्यस्थल।

तात्त्विक दृष्टि से अष्टावरण अध्यात्म की पंचाचार समाजमुखी आचार संहिता या संविदा का द्योतक है। षट्स्थल साधना ऊर्ध्वमुखी विकास की यात्रा है।

इसी लेखक के और भी प्रकशित ग्रन्थ

हिन्दी

(1) अधूरे शब्द (कविता संकलन)
(2) आधुनिक हिन्दी काव्य प्रकाश (सं.)
(3) संतों और शिवशरणों के काव्य में सामाजिक चेतना
(4) शरण और संत : सामाजिक चिन्तन
(5) बारहवीं सदी की कवयित्री : अक्क महादेवी और स्त्री विमर्श, (राधाकृष्ण दिल्ली)
(6) बसवेश्वर : काव्य शक्ति और सामाजिक शक्ति : (लोकभारती, इलाहाबाद)
(7) वचन साहित्य और संत साहित्य का समाज शास्त्र (राजपाल, दिल्ली)
(8) शिवयोगी सिद्धरामेश्वर
(9) बसवादि शरणों के साहित्य की सामाजिक चेतना
(10) बारहवीं सदी की कवयित्रियाँ और स्त्री विमर्श (राधाकृष्ण, दिल्ली)
(11) बसवेश्वर : समता की ध्वनि
(12) चन्नबसवण्णा : ज्ञान की निधि
(13) अल्लम प्रभु : प्रतिभा का शिखर
(14) सिद्धरामेश्वर : व्यक्ति-कृति
(15) मोकिंगे मारय्या-मोकिंगे महादेवी
(16) हड़पद अप्पण्णा-लिंगमा
(17) आय्दक्की मारय्या-आय्दक्की लक्कम्मा
(18) उरिलिंग पेद्दी-काळव्वे
(19) वचन चिन्तन
(20) गांधीगिरी

कन्नड़ से अनूदित

(21) सिद्धरामेश्वर के चुने हुए १०८ वचन (अनु.)
(22) बसव चेतना (अनु.)
(23) चन्द्रगिरि के किनारे कन्नड़ उपन्यास, किताब घर-दिल्ली
(24) हिन्दी-कन्नड़-हिन्दी संवाद पुस्तक
(केन्द्रीय हिन्दी निदेशालय, दिल्ली)

कन्नड़ ग्रन्थ

(25) मुवत्तैदु कवनगळु, (काव्य)
(26) इन्नष्टु कवनगळु (काव्य)
(27) हुलु मेलिन हनिगळु, (लघु कविताएँ)
(28) कौदि (काव्य)
(29) कबीरदासरू (कर्नाटक साहित्य अकादमी, बेंगळोर)
(30) शिवशरण पाटिल जवळी : व्यक्ति - कृति (सं)
(31) दासोह (सं.) रंग शिबिर स्मरणिका
(32) अध्यक्षीय भाषण (जिल्हा कन्नड़ साहित्य परिषद, बीदर)
(33) महिला वचन (सं.)
(34) शब्दद बेडगु (सं.)
(35) शरणरू हागु संतर सामाजिक काळजी
(कन्नड़ साहित्य परिषत्, बेंगलोर)
(36) शरणरू हागु संतर आदर्श समाज
(प्रसारांग गुलबर्गा विश्वविद्यालय)
(37) चुळुकादिरय्या काव्य)
(38) शरणु शरणार्थी गजलगळु (काव्य)
(39) मूवत्तक्के मुनुरू (काव्य)
(40) हाडुगळु उळदाव (काव्य)
(41) बेऊ-बेल्ल (काव्य)
(42) शरणेयरू हागू महिळा सम्पन्नमूल (सं)
(43) शरण साहित्य मत्तु संत साहित्य : जनपर चिन्तनेगळु

(44) जगदगल मुगि लगल
(45) दारी दीपगळु

हिन्दी से अनूदित

(46) समकालीन पंजाबी कवितेगळु
(सं. कर्नाटक साहित्य अकादमी बेंगलोर)
(47) कोगिले अळुतिदे (अनु.) 200 पंजाबी कविताएँ
(48) सौन्दर्य शास्त्र (अनु.) कर्नाटक ललित कला अकादमी, बेंगलोर
(49) ओदी अळुवदु (अनु.)
(50) सफदर हाश्मियवर मक्कळ नाटकगळु (अनु.)
(51) रामजी जागृतनाद (अनु. एनबीटी, दिल्ली)
(52) गजल घलु घलु
(53) रंगु रंगीन गजलगळु
(54) गजलोत्सव
(55) बिरुगाळिगके शान्तरागिरी
(56) पंत अवर कवितेगळु
(57) दिनकर अवर कवितेगळु
(58) अज्ञेय अवर कवितेगळु
(59) महादेवी वर्मा अवर कवितेगळु
(60) उमाशंकर जोशी अवर कवितेगळु
(61) रघुवीर सहाय अवर कवितेगळु
(62) अंबेडकर कवितेगळु
(63) पाश् अवर कवितेगळु
(64) अँधेर नगरी-कुरूडर आने
(एरडु हिन्दी नाटकगळु)

कन्नड़

(65) सतिये साकियाद कविसमय
(66) लंडन् डाट काम (यात्रा अनुभव)

(67) वचन विचारोत्सव

(68) गांधी जीवन मौल्यगळु

(69) ऐसिरी ऐनूरू हनिगळु

(70) साविरद हनिगवितेगळु

(71) आयद 71 कन्नड़ गजलुगळु

(72) आयद 71 कन्नड़ कवितेगळु

(73) आयद 71 हिन्दी कवितेगळु

(74) आयद 71 अनुवाद कवितेगळु